COURS PUBLIC DE DROIT MARITIME

Au point de vue Commercial, Administratif et Pénal

OU

AMENDEMENT DES LOIS NAUTIQUES

Discours de Clôture prononcé à l'Hôtel-de-Ville du Havre

PAR

ALDRICK CAUMONT

Avocat du Barreau du Havre, Avocat du Département de la Marine, Membre correspondant de l'Institut historique de France, de l'Académie de Législation de Toulouse et de plusieurs Sociétés savantes, Membre effectif de l'Association internationale pour le Progrès des Sciences sociales, Professeur de Droit commercial et maritime et de Droit économique, à l'Hôtel-de-Ville du Havre, Lauréat de l'Académie de Législation ; Auteur de l'*Institution de Crédit sur marchandises, ou le Commerce du Monde d'après les Warrants français* ; de l'*Amiable Composition, remplaçant l'Arbitrage volontaire* ; de la *Revue critique de Jurisprudence Maritime* ; du *Plan de Dieu ou Physiologie du Travail* ; de l'*Etude sur la Vie et les Travaux de Grotius* où le *Droit naturel et international* ; des *Gens de Mer* ; de l'*application des Warrants à la Propriété maritime* ; de la *Moralité dans le Droit* ; de la *Langue universelle de l'Humanité ou Télégraphie parlée par le nombre agissant* ; du *Dictionnaire universel de Droit maritime*, etc., etc.

Colligendæ autem sunt regulæ, non tantum notæ et vulgatæ, sed et aliæ magis subtiles et reconditæ, quæ ex legum, et rerum judicatarum harmoniâ extrahi possint : quales in rubricis optimis quandoque inveniuntur : suntque dictamina generalia rationis, quæ per materias legis diversas percurrunt, et sunt tanquam sabura juris.

BACON, *de lib. auxil. Aph.* 82

Labor omnia vincit

PARIS

Aug. DURAND, rue des Grés, 7. | MARESQ, rue Soufflot, 17. | GUILLAUMIN, rue Richelieu, 19.

BRUXELLES

BRUYLANT-CHRISTOPHE & Cᵉ, rue Blaës, 31.

1866

Havre — Imprimerie Lepelletier, Place Louis-Philippe, 12

F

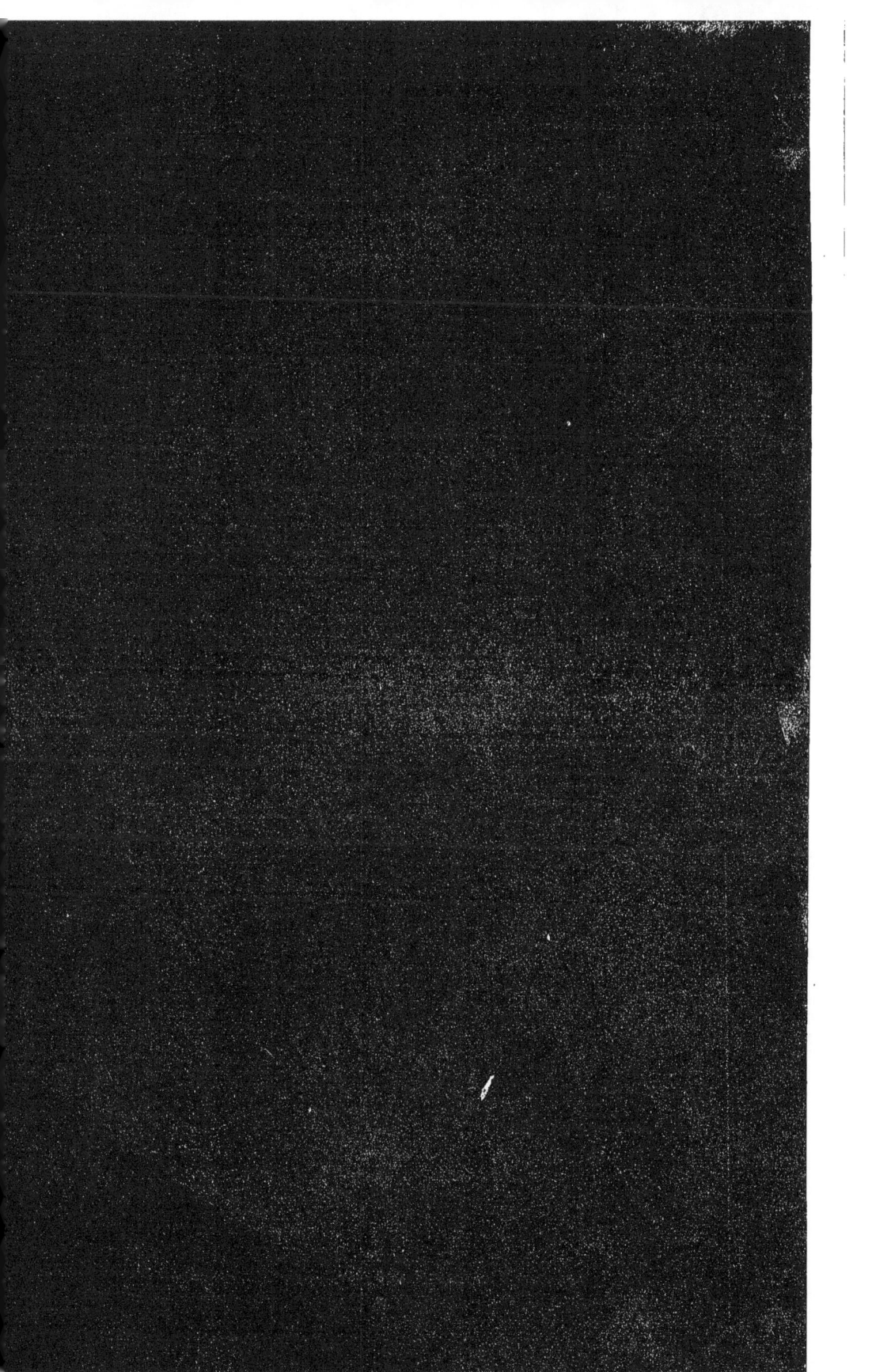

Cours Public de Droit Maritime

OU

AMENDEMENT DES LOIS NAUTIQUES

30780

Mare vastum res usûs inexhausti est : consequenter
cùm nemo rerum purè naturalium inhexausti usûs do-
minium acquirere valeat, nulli quoque genti vastum
mare, etsi fieri posset, dominio suo subjicere licet.

(WOLF. *Jus gentium*, § 121.)

C.

COURS PUBLIC DE DROIT MARITIME

Au point de vue Commercial, Administratif et Pénal

OU

AMENDEMENT DES LOIS NAUTIQUES

DISCOURS DE CLOTURE

Prononcé à l'Hôtel-de-Ville du Havre

PAR

ALDRICK CAUMONT

Avocat du Barreau du Havre, Avocat du Département de la Marine, Membre correspondant de l'Institut historique de France, de l'Académie de Législation de Toulouse
et de plusieurs Sociétés savantes, Membre effectif de l'Association internationale pour
le Progrès des Sciences sociales, Professeur de Droit commercial et maritime et de
Droit économique, à l'Hôtel-de-Ville du Havre, Lauréat de l'Académie de Législation ; Auteur de l'*Institution de Crédit sur marchandises, ou le Commerce du Monde d'après
les Warrants français ;* de l'*Amiable Composition, remplaçant l'Arbitrage volontaire ;* de
la *Revue critique de Jurisprudence Maritime ;* du *Plan de Dieu ou Physiologie du Travail ;*
de l'*Etude sur la Vie et les Travaux de Grotius ou le Droit naturel et international ;* des
Gens de Mer ; de l'*application des Warrants à la Propriété maritime ;* de la *Moralité dans
le Droit ;* de la *Langue universelle de l'humanité ou Télégraphie parlée par le nombre
agissant* etc., etc.

Mare, naturâ, omnibus patet.

(ULPIEN.)

Qu'est-ce, en effet, que la mer, sinon la plus vaste et la
plus facile voie de communication ouverte par la nature au
commerce extérieur des nations dans le monde entier ?

(CAUCHY. — Droit maritime international.)

Labor
omnia
Vincit

PARIS

Ang. DURAND, rue des Grès, 7. | MARESQ, rue Soufflot, 17. | GUILLAUMIN, rue Richelieu, 19.

BRUXELLES

BRUYLANT-CHRISTOPHE & Cᵉ, rue Blaës, 34.

1866

Havre — Imprimerie Lepelletier, Place Louis-Philippe, 12

1864-1865

COURS PUBLIC DE DROIT MARITIME

Au point de vue Commercial, Administratif et Pénal

OU

AMENDEMENT DES LOIS NAUTIQUES

DISCOURS DE CLOTURE

Prononcé à l'Hôtel-de-Ville du Havre, le 25 Avril 1865

> Mare, naturâ, omnibus patet.
>
> (ULPIEN.)
>
> Qu'est-ce, en effet, que la mer, sinon la plus vaste et la plus facile voie de communication ouverte par la nature au commerce extérieur des nations dans le monde entier ?
>
> (CAUCHY. — Droit maritime international.)

MESSIEURS

I.

PRÉLIMINAIRES. — Après avoir, dans un exposé préliminaire, généralement esquissé d'une part les idées de droit, de loi et de justice ; de mer et de liberté des mers ; — d'autre part spécialement insisté sur les progrès du commerce, la nature, le caractère, l'étendue et la puissance de la navigation ; — et de plus sylleptiquement constaté les rapports nécessaires et forcés du droit commercial maritime avec l'économie politique, le droit public et le droit des gens; — j'a dû, avant d'entrer en matière, faire rapidement l'historique du Droit maritime pur qui constitue, en vérité, l'une des branches les plus belles et les plus vastes de notre législation française.

II.

Historique. — § 1. Le droit rhodien apparaît le premier avec la célébrité des lois maritimes de l'île de Rhode au temps de son indépendance. — § 2. Le droit romain, à son tour, se manifeste chronologiquement avec ses théories rationnelles qui ne sont pourtant, au point de vue nautique, que de savants emprunts aux législations des peuples de l'anti-quité; mais il protège hautement les spéculations maritimes en aiguillonnant sans cesse l'ardeur des marchands d'outremer. — § 3. Le droit bysantin vient aussi dans le cours des âges, exprimé par les basiliques qui ne font que reproduire en langue grecque le corps des lois de Justinien pour ce qui a trait à la version du droit maritime. — § 4. Le consulat de la mer, compilation célèbre des us et coutumes des villes maritimes, qui commercent avec le Levant, fait son entrée dans le monde maritime en marquant son importance par la sagesse de ses dispositions. — § 5. Les jugements ou rôles d'Oléron qui sont pour les villes libres océaniques comme le consulat pour les cités qui florissent sur les rivages de la mer intérieure, affirment de plus en plus, par la force de leurs remarquables décisions, la marche ascendante et progressive du commerce international. — § 6. Les réglements de Wisby, en retraçant les usages maritimes de la mer baltique reflètent merveilleusement la république commerciale du moyen-âge et la ligue anséatique. — § 7. Le guidon de la mer, que l'industrieuse capitale de la fertile Neustrie revendique avec orgueil, laisse, dans son originale compilation, la précieuse ébauche d'une véritable codification en retraçant avec sagacité les principes du droit mari-

time. — § 8. L'Ordonnance de la marine, en fusionnant ingé-
nieusement toutes les anciennes lois maritimes du globe,
formule réellement les grands intérêts nautiques du monde
moderne et devient la boussole du droit maritime européen,
surtout par les fermes assises de l'Amirauté : cette tutrice
politique, judiciaire et administrative de la navigation marchande, qui entraîne bientôt la naissance du réglement de
Strasbourg sur la propriété des navires, et, de demi-siècle en
demi-siècle, la déclaration de 1747, créatrice du privilége des
ouvriers sur les navires construits à l'entreprise, et aussi la
déclaration de 1779 sur la bonne foi dans les assurances. —
§ 9. La révolution française, dans ses ébranlements, renverse
de fond en comble, les dispositions de l'Ordonnance de la
marine, veut doter la France d'une constitution maritime,
mais n'établit réellement que la nationalité et la propriété
publique et ostensible des bâtiments de mer, en conférant
sur ce point des attributions essentielles à l'administration
des douanes. — § 10. La codification impériale de 1807 sur
le droit maritime en revient à la sagesse de nos ancêtres ainsi
que le prouve son esprit et sa source, sans améliorer toutefois, d'une manière suffisante, les lois anciennes, et sans
combler non plus de graves lacunes que l'esprit nouveau de
la fin du dix-neuvième siècle voudra sans doute faire dispa-
raître en interrogeant les législations internationales et les
savantes traditions doctrinales des jurisconsultes des écoles
française, italique et du nord.

III.

Navires. — § 1. Pénétrant dans les entrailles de mon
cours, j'ai, en faisant ressortir le sens et l'esprit du Droit
maritime, utilement proclamé les *améliorations commandées*
par les besoins les plus impérieux du commerce international.
§ 2. Considérant les navires en eux mêmes, j'ai fait connaître les conditions de leur existence et de leur nationalité,
notamment en ce qui regarde les formalités de la francisa-

tion provisoire et définitive, le nom du navire, le certificat de propriété, le jaugeage, le serment, le port d'attache, les soumissions, les cautions, les fraudes commises en cette matière, la perte et la démolition des navires, les états des bâtiments du commerce tenus par la marine et les marques des bâtiments de mer. — § 3. Abordant le régime spécial des bateaux à vapeur, à cause des machines qu'ils emploient et des dangers qu'ils présentent, j'ai indiqué les mesures de précaution à observer en ce qui touche : 1° la mise en feu et le départ ; 2° la conduite des appareils et les devoirs du mécanicien pendant la marche ; 3° l'arrivée et les relâches ; 4° le permis de navigation ; 5° les contraventions relatives aux bateaux à vapeur et aux appareils à vapeur placés sur ces bateaux. — § 5. J'ai fait connaître également les marques de reconnaissance, les pavillons et les signaux particuliers à la marine marchande dans les différents arrondissements maritimes et les colonies orientales ou occidentales.

IV.

Navires (suite). — § 1. Après avoir considéré objectivement les bâtiments de mer au point de vue des transactions dont ils sont l'objet, notamment en ce qui touche la construction, la vente, le nantissement, l'usage à titre de prêt ou de louage, et les formalités essentielles à remplir dans la transmission des navires, soit à titre de vente, soit à titre de gage; — j'ai posé et résolu les questions suivantes : 1° Pourquoi les capitaux fuient-ils le domaine de la mer ? 2° Par quel moyen les appeler sur les bâtiments de mer comme on les a attirés sur les bâtiments de terre ? 3° Ne faudrait-il pas perfectionner et même constituer l'hypothèque maritime, conformément à la loi hollandaise, pour développer les constructions des bâtiments de mer ? 4° Comment constituer directement le gage nautique ? 5° Pourquoi ne pas rendre circulante la valeur-bâtiment de mer à l'instar de la valeur-cargaison pour qu'elle fasse son apparition sur le marché des capitaux comme sur le marché des marchandises ? — § 2. A cette occasion j'ai très vivement insisté de rechef sur 1° la nécessité du nantissement des navires (1) qui ne saurait se comprendre, pas plus que l'hypothèque maritime *sans l'assurance* des objets donnés en nantissement ou en hypothèque ; 2° les lacunes des lois touchant la constitution du gage nautique ; 3° la constitution directe du *nantissement maritime* ; 4° les inconvénients du déguisement du gage nautique sous forme de vente, au cas où la navigation est onéreuse ; 5° les dangers de la vente simulée, même dans l'hypothèse d'une navigation heureuse ; 6° la nécessité de constater le gage maritime par la suscription d'une déclaration de nantissement sur l'acte de nationalité et d'observer dans la vente·des navires les formalités de l'art. 17 de la loi du 27 vendémiaire an 2. — § 3. Abordant le développement forcé de la marine marchande devant les traités de commerce et de navigation, j'ai longuement parlé 1° de l'application des warrants aux navires, et des coupons d'acte de francisation ou de nationalité circulant à l'instar des connaissements ; 2° de la révolution économique par l'application des warrants à la propriété maritime ; 3° de la représentation des quirats par des coupons de l'acte de nationalité ; 4° du fonctionnement économique et juridique de ces instruments de négociation et de transport ; 5° de la nécessité de mentionner le transfert sur le livre à souche déposé en douane ; 6° de la vente publique et des charges légales de l'adjudicataire ; 7° des devoirs légaux et de la responsabilité rigoureuse des armateurs ; 8° du sort du porteur du récépissé et de l'adjudicataire ; 9° de la suspension et de la prescription de l'action recursoire et personnelle ; 10° de la subrogation légale des porteurs et adjudicataires dans les indemnités dues par les assurances ; 11° de la négociation du bulletin de gage ; 12° de la perte des titres ; 13 des réglements d'administration publique ; 14° des droits fiscaux ; 15° enfin des rétributions ministérielles.

---

(1) Voir le travail, remontant à quatre années, que j'ai eu l'honneur de remettre à S. Exc. Monsieur le Ministre du Commerce, et intitulé: *Nantissement et vente des Navires, — Application des Warrants à la propriété maritime.* in-8°, 1863. — Paris. — Durand.

V.

Navires (*suite*). — § 1. Voilà comment, Messieurs, nous avons ouvert la marche de nos entretiens, en insistant avec force sur la nécessité de réglementer législativement la transmission des navires et autres bâtiments de mer, soit à titre de vente, soit à titre de gage, et surtout sur le besoin impérieux d'appliquer les warrants à la propriété maritime. — § 2. Après avoir dit un mot du contrôle administratif et de police des navires, fait. ressortir la sublime invention du bâtiment à voiles et à vapeur, qui fait, des vents, ses messagers, et, du feu dévorant, son ministre ; et signalé la haute utilité sociale des bâtiments de mer comme les indispensables instruments du commerce international qui pourvoit aux besoins de l'humanité ; — j'ai constaté 1° que les bâtiments de mer ont une nature *sui generis*, qu'un *droit de suite* les affecte spécialement en faveur des créanciers, quels qu'ils soient, du vendeur ; 2° Que les navires peuvent et doivent se définir tantôt dans un sens large, tantôt dans un sens restreint, selon les cas ; 3° qu'il faut entendre par bâtiments de mer, quelles que soient leurs dimensions et dénominations, tous ceux qui, avec un armement et un équipage qui leur sont propres, remplissent un service spécial et suffisent à une industrie particulière ; 4° que, meubles dans le droit romain, bien que d'une nature mixte dans l'ancien droit, ils deviennent purs meubles de 1666 à 1681 ; 5° que l'Ordonnance de la marine, en les réputant meubles, les affecte aux dettes du vendeur avec droit pour tous les créanciers tant simples et chirographaires qu'hypothécaires et privilégiés, de suivre jusqu'à la purge, leur gage dans les mains de l'acquéreur ; 6° que le législateur de 1807 adopte purement le système de l'ordonnance, renouvelle ce principe équitable et utile que les navires sont, comme avant l'édit de 1666, des meubles *sui generis*, c'est-à-dire, pour parler le langage de l'ancienne jurisprudence, des *meubles-immeubles* ; 7° que les lois internationales sont divergentes sur le droit des créanciers : qu'ainsi le système du code français a été repoussé en Angleterre, dans la Hollande, en Espagne et en Portugal, tandis qu'il a conquis l'unanimité des législations de Hambourg, des Iles Ioniennes, de la Grèce, de Malte, du royaume d'Italie, de la Valachie, de Vénise et de la république d'Haïti ; 8º que les conventions s'apprécient et leurs effets se déterminent d'après la loi du pays où l'on contracte ; que cependant, en ce qui touche leur exécution, il faut suivre la loi du pays où se trouvent les objets sur lesquels elle se pratique : de là des complications épineuses lorsqu'il y a conflit sur le fonds du droit entre les lois maritimes de France et les lois maritimes étrangères ; 9º que les navires ne sont point susceptibles propriétairement d'une division matérielle, mais bien d'une division légale, en quirats ou quotes-parts intellectuelles ; que cette co-propriété constitue non une société mais une communauté d'intérêts qui se détermine par le nombre des parts entre les quirataires.

VI.

DROIT DE SUITE. — Insistant énergiquement sur le *droit de suite*, j'ai démontré 1º que ce droit existe pour toutes les créances, constitue un démembrement de l'hypothèque, est de sa nature indivisible, ne s'exerce ni sur les petits bateaux pris isolément, ni sur les navires bâtiments de rivière ; mais par contre atteint les navires qui ne sont ni terminés ni lancés ; 2º qu'il ne faut pas confondre les bâtiments maritimes avec les bâtiments fluviaux ; que ces derniers ne sont pas régis par les dispositions du code de commerce, sauf ce qui concerne l'assurance ; que par suite les navires bâtiments de rivière ne sont point insaisissables lorsqu'ils sont prêts à mettre à la voile ; ni vendus dans les mêmes formes que les navires bâtiment de mer ; ni susceptibles du droit de suite ; 3º que par son importance et ses intérêts, la navigation intérieure demande que cette lacune de la loi soit promptement comblée, et qu'en attendant l'assimilation législative, il faut reconnaître que les bâtiments fluviaux se distinguent des bâtiments maritimes uniquement par la nature de leur navigation, et nullement par celle de leur construction ; et que seuls les navires qui vont en mèr doivent être francisés.

VII.

PRIVILÈGE. — Passant en revue les priviléges maritimes j'ai enseigné 1o que le privilége est un droit de préférence attaché à la cause de la créance; 2° que, lorsqu'il y a concours, le plus favorable prévaut ; 3° que les créances qui ont la même cause viennent en concours sans qu'il y ait lieu de les ranger par ordre de date ; à moins qu'elles n'aient conservé la chose : alors les derniers en date sont les premiers en rang ; 4° que les créances dont le gage est l'objet, la cause et l'occasion, sont rationnellement privilégiées, en les classant dans un ordre inverse : 1° d'usage et d'intérêt du navire ; 2° de création ; 3° de conservation ; 4° de réalisation ; — 5° que, par un progrès notable sur le droit romain, le droit intermédiaire, le réglement de Valence de 1343, l'ordonnance de 1681, le code de commerce, dans son article 191, énumère avec la plus grande précision et classe surtout avec une logique rigoureuse les divers priviléges consacrés par les lois maritimes ; qu'ainsi au premier rang se trouvent les frais de réalisation ; au deuxième, ceux de conservation ; au troisième, les créances dérivant de la création du navire ; au quatrième, celles qui ont pour cause son usage ou son intérêt.

VIII.

PRIVILÉGE (suite). —Avant d'examiner séparément les numéros de l'article 191 du code de commerce, j'ai du reconnaître et enseigner 1° qu'outre les priviléges exceptionnels sur le fret et sur l'indemnité d'assurance par subrogation du prix à la chose, seulement en cas de perte légale, les priviléges généraux de l'art. 2101 c. nap. existent sur les navires et priment les priviléges spéciaux de l'art. 191 c. com. ; 2° qu'en dehors des priviléges maritimes précisés par l'art. 191, le nantissement du navire, sa consignation et son naufrage donnent lieu à des priviléges diversement classés ; 3° que le nantissement du navire entraînant le privilége de l'art. 2073 c. nap. se constitue dans l'état actuel de la législation, soit directement par mention sur les registres de la douane, soit indirectement sous forme de vente simulée, avec tous les inconvénients attachés à de pareilles constitutions qui ont besoin d'être amendées ; 4° que la consignation pourvue du privilége de l'art. 93 c. com. s'opère par l'inscription en douane de la qualité de consignataire ; qu'alors le consignataire est subrogé de plein droit au lieu et place des fournisseurs qu'il paie, outre son privilége direct, en raison des dépenses faites pour le navire ; 5° que le navire naufragé et ses débris appartiennent en permanence à leurs propriétaires, mais sont grévés du privilége des frais de sauvetage dont le *quantum* modifie et le rang change suivant que le navire est échoué sur le rivage, ou entièrement coulé, ou trouvé en pleine mer ; 6° qu'il est facultatif à ceux qui ont sauvé un navire abandonné loin des côtes d'en réclamer le tiers sans frais ; que si les sauveteurs préfèrent utiliser le privilége pour frais de sauvetage, ils sont primés nécessairement par les frais de vente, de garde et de magasinage ; 7° que le naufrage a une influence sur le droit de suite, qu'il faut distinguer entre la perte matérielle et la perte légale ; 8° que la première, lorsqu'elle est entière, éteint les privilèges et le droit de suite ; que cette extinction n'a pas lieu quand la perte matérielle n'est que partielle, par exemple quand les débris, loin d'être épars, constituent encore le navire : le tout sauf le droit particulier des prêteurs et des assureurs ; 9° que la deuxième, c'est-à-dire la perte légale, n'éteint ni le privilége ni le droit de suite, sauf le cas de prise du navire légitimement consommée par l'ennemi.

IX.

PRIVILÉGE (*suite*). — Abordant dans son ordre numérique la
série des priviléges édictés par l'art. 191, j'ai enseigné :
§ 1. — 1° que les *frais de justice* comprennent tous ceux
faits dans l'intérêt commun pour parvenir à la vente et à la
distribution du prix, tandis que ceux faits par chaque créancier pour le recouvrement de sa créance en suivent le sort ;
2 que les états des frais de réalisation sont taxés et arrêtés
par le président du tribunal civil. — § 2. 1° que les *salaires*
des pilotes lamaneurs, dont l'usage est facultatif, bien que le
paiement des droits soit obligatoire, sont fixés par les tarifs
de leur port d'attache ; 2° que les pilotes ne peuvent rien
prétendre au-delà des tarifs à moins de tempête ou de péril
évident, ou aussi d'avarie totale ou partielle de leur chaloupe ;
3° qu'ils sont privés de leurs salaires en cas d'infraction aux
articles 25 et 36 du décret du 12 décembre 1806, sans préjudice des autres peines d'ordre public ; 4° que quant aux
pilotes pratiques, dont le salaire est amiablement fixé, ils
sont également privilégiés ; 5° Qu'il en est autrement des
pilotes hauturiers ; 6° que les *droits de tonnage,* qui ont remplacé ceux de fret du tonneau, ne sont qu'un moyen de protection du commerce national et n'existent en réalité que
pour les navires étrangers ; 7° que les *droits de cale, d'a-*
marrage, de bassin ou d'avant-bassin ne constituent que des
taxes perçues par les régies du trésor public, à raison des
commodités ou secours accordés aux navires ; 8° que tous
ces droits privilégiés sont de véritables frais de conservation
du navire et se constatent par les états ou contraintes décernés par l'administration compétente ; — § 3. 1° qu'en ce qui
touche les gages du gardien et les frais de garde, il ne sagit
que du gardien extra-judiciaire ; 2° qu'effectivement le gardien
établi par huissier après saisie, est pour sa créance compris
dans les frais de justice ; — § 4. 1° qu'en ce qui regarde les
loyers des magasins où sont déposés les agrès et apparaux, le

locateur aide à leur conservation et son privilége porte sur le prix du navire ; 2° qu'en effet les agrès et apparaux se vendent en bloc avec le navire moyennant un prix unique ; 3° qu'il en serait autrement si le navire était vendu sans ses agrès et ses apparaux ; 4° que s'il y a plusieurs locateurs, ils viennent au marc-le-franc au rang légal sur le prix de la vente en bloc, sans pouvoir prétendre à un privilége spécial sur les objets nantissant leur magasin respectif, à moins de vente séparée ; — § 5. 1° que pour ce qui a trait aux *frais d'entretien du navire,* il ne s'agit que des frais postérieurs à l'entrée dans le port et nullement de l'entretien dans le cours du dernier voyage ; 2° que ce privilége inconnu à l'ordonnance de la marine eût dû rationnellement être placé au troisième rang, surtout quand l'entretien sauve le gage tout entier ; — § 6. 1° que pour ce qui concerne les salaires des gens de mer, ces derniers sont privilégiés dans toutes les législations maritimes tant pour leurs loyers que pour l'indemnité de congédiement et les frais de conduite, à moins que l'équipage ne soit engagé au profit ou au fret ; 2° que les gens de mer ne peuvent exercer leurs droits sur le navire et le fret, à leur choix, que pour le dernier voyage qui s'étend depuis l'armement jusqu'au désarmement ; 3° que ce privilége ne concerne point le droit au chapeau à moins qu'il ne soit porté comme salaire sur le rôle d'équipage ; 4° que la caisse des invalides de la marine possède une action directe par délégation légale pour la retenue sur les salaires de l'équipage ; 5° qu'il en est autrement de la caisse des gens de mer qui ne peut exercer que les droits des marins en subissant les exceptions qui leurs sont opposables. — § 7. 1° que *les sommes prêtées et les marchandises vendues pendant le voyage* ont de tout temps été privilégiées et comprennent les fournitures faites en nature, pendant le voyage même, à l'équipage pour les besoins du bâtiment, en justifiant des nécessités de réparation ou d'argent pour la continuation du voyage, avec leur énonciation dans les actes de prêt ou de vente, pour éviter toute preuve aux bailleurs et aux chargeurs ; 2° qu'effectivement ces derniers ne sont pas astreints à démontrer l'utile emploi des deniers prêtés ou provenant de la vente ; 3° qu'ils concourrent entr'eux sans égard aux dates respectives des prêts et des ventes ; 4° que s'il y a plusieurs prêteurs pendant le même voyage il faut concilier l'art. 191 avec l'art. 323 et reconnaître que la première disposition s'applique à tous les prêt *faits dans le même port*, et que la seconde se réfère à des sommes prêtées dans des *ports différents*; et par conséquent, dans cette dernière hypothèse, il ne saurait y avoir concours ; 5° qu'il en est autrement de plusieurs chargeurs dont les marchandises ont été vendues, puisque d'un côté ils ne sont pas des prêteurs volontaires, et que de l'autre la vente leur rend un service plus étendu que le prêt ; 6° que dans l'espèce il faut déterminer le dernier voyage par les expéditions en vue et sous l'empire desquelles les prêts ont été faits ou les marchandises vendues ; — § 8. Qu'en ce qui touche les vendeurs, ouvriers et fournisseurs j'ai professé : 1° que les vendeurs dont le navire n'a point navigué depuis la vente sont privilégiés, même en cas de faillite ; 2° qu'ils ont contre les acheteurs *in bonis* des actions revendicatoire et résolutoire ; 3° que toutefois, dans ce dernier cas, ils sont tenus de désintéresser les divers priviléges maritimes ; 4° que les ouvriers employés à la construction d'un navire neuf qui n'a jamais pris la mer sont privilégiés ; 5° qu'il en est autrement s'ils ont travaillé pour le compte d'un entrepreneur après avoir connu le marché à forfait ; peu importe qu'il ait ou non date certaine ; 6° que dans ce dernier cas le droit privatif des ouvriers contre l'armateur est limité à ce qu'il doit à l'entrepreneur au moment où l'action directe est mise en mouvement ; 7° que les fournisseurs de matériaux pour la construction d'un navire sont placés dans la même situation que les ouvriers lorsqu'ils ignorent le forfait ; 8° que, par contre, lorsqu'ils le connaissent, ils n'ont aucune préférence sur les créanciers ordinaires pour ce qui reste dû ; 9° que toutes ces créances sur le navire qui n'a pas encore voyagé viennent en concurrence et au même rang ; 10° que si le navire a voyagé, les vendeurs, les fournisseurs pour la construction et les ouvriers qui y ont travaillé perdent leur privilége ; 11° que, par contre, les créanciers pour radoub, victuailles, armement et équipement conservent le leur, tel qu'il existait avant que le navire ait voyagé. — § 9. Que pour ce qui concerne *les sommes prêtées à la grosse avant le départ*, j'ai enseigné 1° qu'autrefois au même rang que les fournisseurs et ouvriers, les prêteurs avant le départ étaient aujourd'hui placés dans un rang inférieur; 2° qu'ils doivent être porteurs, comme moyen de preuve, d'un véritable contrat de grosse mentionnant que l'emprunt a bien eu lieu pour cause de radoub, armement, équipement et victuailles et pour le dernier voyage ; 3° que les deniers laissés par continuation ou en renouvellement ne sont pas privilégiés ; 4° que le donneur n'a pas le privilége de l'art. 191 c. com., si le voyage est rompu avant d'avoir couru aucun risque; 5° que dans ce dernier cas le donneur ou bailleur pourrait exercer le privilége de l'art. 2102 § 3 c. nap. ; — § 10. 1° Que, pour ce qui a trait à la *prime d'assurance*, elle n'est privilégiée qu'après l'entier paiement des donneurs avant le départ et seulement pour le dernier voyage, tel qu'il est déterminé par les expéditions ; 2° que les assureurs viennent en concours pour leurs primes pour les diverses fractions du voyage ; 3° que dans les assurances à temps limité, le voyage assuré est la navigation comprise dans le temps fixé par la police et ne constitue qu'un voyage simple ; 4° que les billets de prime n'opèrent point novation ; 5° que le demi pour cent n'est point privilégié ; 6° que pour éteindre le privilége des assureurs il suffit d'un voyage quelconque effectué par le navire, conformément à sa destination et qu'elle qu'en soit la durée ; — § 11. Qu'en ce qui touche les *dommages et intérêts des affréteurs* ce privilége placé au dernier rang dérive de deux causes qui ont un caractère limitatif savoir : 1° défaut de délivrance des marchandises chargées ; 2° remboursement des avaries souffertes par la faute du capitaine.

X

CONSTATATION DES PRIVILÉGES. — Parvenu à la constatation des priviléges, j'ai enseigné qu'elle avait lieu: § 1. Pour les frais de justice, par la taxe du président du tribunal civil ; —

2

§ 2. Pour les droits de tonnage et autres, par les états ou contraintes décernés par les préposés de l'administration ; — § 3. Pour les gages du gardien, les loyers des magasins et les frais d'entretien, par les états arrêtés par le président du tribunal de commerce ; — § 4. Pour les gages et loyers de l'équipage, par les rôles d'armement et de désarmement ; — § 5. Pour les sommes prêtées et les marchandises vendues, par le procès-verbal de l'équipage constatant la nécessité des emprunts pour les besoins du navire. A cette occasion j'ai fait observer : 1° que le contrat de grosse est enregistré au greffe et forme le titre établissant la quotité des sommes prêtées; 2° que quant à la quotité des créances des chargeurs, elle doit être prouvée au moyen des états arrêtés par le capitaine et constatant le détail des marchandises vendues et le cours au lieu de décharge ; 3° que la négligence du capitaine à cet égard constituerait une faute grave entraînant au plus haut degré sa responsabilité. — § 6. Pour la vente du navire, par acte ayant date certaine sans nécessité de le déposer au greffe ; et pour armement, équipement et victuailles, par mémoires, factures ou états visés par le capitaine et approuvés par l'armateur dans le lieu de la demeure et déposés au greffe commercial du port d'armement au plus tard dans les dix jours du départ du navire. Quant aux fournitures pour construction et main-d'œuvre, comme il n'y a ni capitaine ni armateur et que le dépôt au greffe serait inutile, leur constatation reste dans le droit commun. — § 7. Pour les sommes prêtées à la grosse avant le départ, par le dépôt ou l'enregistrement des contrats au greffe compétent, soit pour nous celui du tribunal de commerce du lieu ou le navire est amarré, et ce dans les dix jours de la date des contrats ; — § 8. Pour les primes d'assurances, par les polices ou extraits des livres des courtiers ; — § 9. Pour les dommages et intérêts dûs aux affréteurs, par les jugements, décisions arbitrales et transactions ; — § 10. Le tout sous peine de déchéance.

XI

TIERS-DÉTENTEURS. — Passant à l'extinction du droit de suite et des priviléges, j'ai professé : — § 1. 1° Que, corollaire de l'art. 190, créateur du droit de suite, l'art. 193 s'occupait de l'extinction de ce droit en faveur du tiers détenteur qui veut purger son navire et le libérer contre tous les créanciers privilégiés et ordinaires de son vendeur ; — § 2. Que d'une part l'extinction du droit de suite s'opérait conformément à l'art. 1234 c. nap. savoir : 1° paiement, avec cette observation que la dation en paiement suivie d'éviction fait revivre le droit de suite en faveur du créancier; 2° novation ; 3° remise volontaire de la créance ou du droit de suite ; 4° compensation ; 5° confusion ; 6° perte de la chose ; 7° nullité ou rescision ; 8° effet de la condition résolutoire ; 9° prescription de la créance ou du droit de suite ; — § 3. Que d'autre part le droit de suite est éteint : 1° par la vente en justice sur saisie ; 2° par toutes les ventes judiciaires de navire faites en bonne et due forme, à cause de minorité, faillite, succession bénéficiaire ou vacante, licitation forcée entre majeurs ; 3° par la vente administrative faite par l'autorité maritime pour le paiement des sauveteurs d'un navire trouvé en pleine mer ; — § 4. Qu'enfin le droit de suite était éteint après vente volontaire, par un voyage en mer commencé sous le nom et aux risques de l'acquéreur qui doit manifester sa prise de possession par des faits extérieurs et matériels afin de provoquer l'attention des créanciers : 1° en faisant transcrire son acte de vente sur les registres de la douane ; 2° en requérant et prenant sous son nom le congé ; 3° en terminant le voyage sans opposition de la part des créanciers; — § 5. Que ce n'est qu'après l'accomplissement de ces trois conditions, après vente volontaire, qu'a lieu l'extinction du droit de suite ; que cette extinction a lieu en faveur de l'acquéreur quelles que soient la qualité des créanciers et la nature des créances.

XII

CRÉANCIERS. — Examinant l'art. 193 au point de vue des créanciers, j'ai enseigné 1° que tous, indistinctement, peuvent empêcher l'extinction de leur droit de suite après vente volontaire en notifiant à l'acquéreur, avant l'achèvement du voyage, une opposition dont l'effet est de conserver le droit de suite ; 2° que pour l'exercice de ce droit réel ainsi conservé sur le navire, les créanciers, privés de l'action personnelle et révocatoire, devaient agir en délaissement par demande en justice contre l'acquéreur, en appelant dans la cause s'il y échet le débiteur vendeur ; 3° que l'acquéreur ainsi poursuivi peut se soustraire au délaissement, en purgeant avant le jugement de l'action en délaissement ; 4° que la purge s'opère par l'offre du prix et en consignant ; 5° que si pour se soustraire au droit de suite l'acquéreur délaisse, il doit faire son délaissement en justice et faire nommer un curateur au navire ; 6° que l'acquéreur qui ne purge ni ne délaisse devient débiteur personnel ; 7° que quant à la distribution du prix elle ne peut, après vente volontaire, être commencée avant la fin du voyage, ni avoir lieu sans les formalités voulues par la loi maritime ; 8° que l'acquéreur est obligé de faire connaître au poursuivant le nom de tous les opposants.

XIII

SAISIE ET VENTE. — Après avoir indiqué dans quels cas le navire est censé avoir fait un voyage en mer pour éteindre le droit de suite, distingué les voyages ordinaires des voyages au long cours, et la vente volontaire du navire en voyage de la vente du navire qui est dans le port, j'ai entretenu mon auditoire de la constatation de la vente, soit entre les parties, soit entre les tiers ; et enseigné en particulier 1° l'indispensable formalité de l'inscription de la vente du navire sur l'acte de francisation pour que cette vente soit valable à l'égard des tiers et opposable aux créanciers même postérieurs; 2° la nécessité d'un acte public ou sous signature privée même entre le vendeur et l'acheteur qui ne peuvent se soustraire aux formes spéciales restrictives de l'art. 195 qui, de concert avec toutes les législations internationales, BANNIT, AVEC UNE HAUTE RAISON, COMME POUR TOUS LES AUTRES CONTRATS MARITIMES, LA PREUVE TESTIMONIALE SI DANGEREUSE SURTOUT QUAND IL S'AGIT DE MEUBLES-IMMEUBLES D'UNE IMPORTANCE CONSIDÉRABLE. Puis je me suis occupé de la saisie et de la vente des navires ; à ce sujet j'ai rappelé 1° que le navire peut être saisi et vendu par autorité de justice ; 2° que le bâtiment prêt à faire voile et dont le capitaine a les expéditions, est insaisissable, si ce n'est à raison de dettes contractées pour le voyage à faire ; 3° qu'en cas de caution fournie pour ces dettes, les intéressés au voyage pouvaient empêcher les poursuites ; 4° que la saisie doit être précédée d'un commandement fait à la personne et au domicile du débiteur si le créancier est ordinaire, et au capitaine si le créancier est privilégié sur le navire ; 5° que le procès-verbal de saisie doit renfermer les énonciations prescrites par la loi et qu'un gardien solvable doit être établi ; 6° que le saisissant doit ensuite notifier à qui de droit le procès-verbal avec assignation dans les délais voulus par devant le tribunal compétent ; 7° que les formalités de la vente se modifient suivant le tonnage du bâtiment, et que l'adjudication fait cesser les fonctions du capitaine ; 8° que l'adjudicataire doit payer son prix dans les 24 heures au saisissant, s'il n'a reçu aucune opposition, ou le consigner sans frais au greffe, s'il y a des oppositions; 9° qu'à défaut de paiement ou de consignation, le bâtiment est remis en vente et adjugé à la folle enchère de l'adjudicataire ; 10° que les créanciers prétendant droit au prix ont trois jours pour former opposition à la délivrance des deniers, faute de quoi ils ne sont pas admis à la distribution ; 11° que les opposants eux-mêmes en sont aussi exclus si, mis en demeure de produire leurs titres, il ne les ont pas déposés au greffe dans les trois jours qui suivent la sommation ; 12° que la distribution du prix a lieu entre les créanciers privilégiés après collocation en principal, intérêts et frais dans l'ordre établi par l'art. 191 c. com. et au marc le franc entre les créanciers ordinaires ; 13° que s'il arrive qu'on ait saisi des objets appartenant à des tiers, le véritable propriétaire a le droit, en suivant la procédure expéditive tracée par l'art. 211 c. com., de demander judiciairement qu'ils soient distraits de la saisie, en notifiant sa demande au greffe du tribunal avant l'adjudication ; que si la demande en distraction est formée dans les trois jours qui suivent l'adjudication elle est de plein droit convertie en opposition à la délivrance du prix ; qu'enfin si la distraction est demandée plus de trois jours après l'adjudication, le réclamant est forclos dans la distribution ; 14° qu'il était à désirer que la vente forcée des navires soit *législativement simplifiée,* par exemple qu'elle ait lieu suivant la procédure déterminée pour la vente des biens immeubles des mineurs et même avec *moins de formalités encombrantes,* mais en continuant à agir devant les tribunaux ordinaires, les juges consulaires ne pouvant même connaître de l'exécution de leurs propres jugements.

XIV.

DES PROPRIÉTAIRES DE NAVIRES. — 1° Après avoir indiqué leur responsabilité et le pouvoir de s'en affranchir par l'abandon ; 2° j'ai fait connaître la base, l'objet, les limites, les formes, les délais, les effets, la divisibilité, la recevabilité, la tardivité et la renonciation tacite de l'abandon du navire et du fret ; 3° soigneusement différencié l'abandon du délaissement, signalé par des exemples que celui-ci est translatif de propriété et doit être fait dans certains délais, et celui-là purement libératoire et fait en tout état de cause même pour la première fois en appel : mais tous deux purs et simples sans pouvoir être partiels, ni conditionnels ; 4° particulièrement fait ressortir que le mode de libération spécial et exceptionnel résultant de l'abandon doit être circonscrit aux dettes contractées en cours de voyage sans jamais pouvoir être étendu aux engagements contractés avant le départ, par exemple aux engagements des gens de mer, vis-à-vis desquels les propriétaires de navires sont toujours directement et personnellement responsables ; 5° j'ai ensuite insisté sur ce point que la faculté d'abandon est refusée au capitaine, propriétaire en tout ou partie, dont l'obligation indéfinie est cependant limitativement réduite à la proportion de son intérêt ; mais en exprimant le vœu que l'abandon soit permis au capitaine propriétaire partiel de moins de moitié ; 6° puis, en recherchant la solution de la question de responsabilité au cas où le propriétaire loue son navire à un tiers, avec charge de l'armer et de choisir le capitaine, j'ai professé que le navire en vue duquel les tiers contractent privilégièrement, était réellement engagé, sauf au propriétaire ostensible à user du droit d'abandon, s'il y a lieu, et à formuler récursoirement toute action contre les véritables intéressés à l'armement ; 7° mais j'ai surtout signalé la déplorable étrangeté des théories qui enseignent que l'abandon devrait comprendre le montant de l'assurance : comme si l'assurance avait le moindre rapport avec l'abandon ; comme si le propriétaire n'était pas libre de rester son propre assureur en gardant dans sa caisse la prime qui est le prix du risque. Ces *théories malheureuses* chassent les capitaux du domaine de la mer, tendent à effacer de nos codes le contrat d'assurance qui est l'âme de l'économie politique et la sauvegarde du commerce nautique. — On oublie que les créanciers maritimes, à l'instar des assureurs (385 c. com. 1106, 1104, 1102, 1165 c. nap.) *achètent eux-mêmes les risques* en recevant pour les fonds qu'ils prêtent à la grosse aventure *un profit* considérable qui les place sous le coup éminemment moral des art. 325, 327 et 330 c. com. D'ailleurs ces créanciers ont le droit eux-mêmes *de faire assurer les sommes prêtées à la grosse* (334) ; 8° abordant les rapports des chargeurs avec les prêteurs à la grosse, j'ai enseigné que les premiers ont le droit de se libérer par l'abandon des marchandises pour les obligations forcément prises par le capitaine pendant le voyage et arrière d'eux ; sans qu'il soit possible, pour ce fait entièrement involontaire de la part des chargeurs, de faire contribuer ces derniers au-delà de la valeur des marchandises ; qu'effectivement les prêteurs à la grosse ne doivent avoir que l'action réelle puisqu'ils n'ont fait foi qu'aux biens maritimes et nullement à la personne des réclamateurs ; 9° j'ai fait remarquer que depuis l'*abolition de la course* on n'avait plus à s'occuper de la responsabilité des *navires armés en guerre*, ni de la caution exigée des armateurs de ces navires ; 10° considérant d'une manière toute spéciale *la co-propriété des navires* j'ai fait ressortir les règles d'utilité commune, notamment l'impérieuse *nécessité de suivre l'avis de la majorité*, toujours déterminée par les portions d'intérêt dans le navire excédant la moitié de sa valeur sans égard au nombre des votants ; 11° j'ai dû circonscrire ces règles dans de sages limites et *faire reconquérir à la minorité d'intérêt sa toute puissance individuelle* en ce qui regarde les spéculations étrangères, au simple emploi du navire : par exemple l'assurance et l'abandon dont chaque intéressé est privativement libre d'user ou de ne pas user, puisqu'il n'y a aucune solidarité entre les co-propriétaires ; 12° passant à *la licitation des navires appartenant à plusieurs intéressés*, j'ai signalé pourquoi, à moins de convention contraire, elle ne peut être poursuivie que sur la demande des propriétaires formant ensemble la moitié de l'intérêt total, et aussi pourquoi *le capitaine congédié propriétaire partiel et de moins de moitié du navire peut renoncer à sa co-propriété* et exiger le remboursement de son capital à dire d'experts ; 13° à cette occasion j'ai enseigné que le droit de congédiement du capitaine devait sans doute demeurer absolu dans les mains de l'armateur, qui peut en user instantanément et sans juste cause ; mais toutefois sans jamais pouvoir recourir à des mesures vexatoires et injurieuses : ce qui arriverait si l'armateur faisait subir au capitaine l'avanie d'une expulsion violente et publique ; 14° enfin j'ai exprimé le vœu 1° que le contrat de participation maritime prévu par le code portugais (art. 1321 à 1355) entre dans le mécanisme de notre droit français ; 2° qu'il en soit de même des dispositions relatives aux subrécargues ou fondés de pouvoirs des chargeurs, prévues par les art. 723 à 728 du code espagnol.

XV

Du capitaine. — J'ai enseigné 1° que, chef chargé du gouvernement et de la direction du navire, le capitaine est nommé par le propriétaire ou l'armateur, et choisi parmi les porteurs de lettres de commandement au long cours ou au cabotage; 2° que, mandataire légal, nécessaire et forcé de tous les intéressés au navire et au chargement, il a des droits et *des devoirs avant le départ, pendant le voyage et à l'arrivée*; qu'il doit ponctuellement utiliser les uns et vigilamment observer les autres, sous peine d'être garant même de ses fautes les plus légères : sa responsabilité ne cessant que par la preuve d'obstacles de force majeure ; 3° qu'*avant le départ et au lieu de la demeure juridique de l'armateur*, il forme, de concert avec lui ou son fondé de pouvoirs, l'équipage qui doit monter à bord ; choisit en conséquence et loue les gens de mer qui ont, ainsi que lui, quand ils sont à bord ou s'y rendent pour faire voiles, le privilège de ne pouvoir être arrêtés pour dettes; 4° qu'il doit mettre le navire affrété en parfait état de navigabilité, l'avitailler et emprunter au besoin à la grosse dans les cas prévus par l'art. 233; 5° qu'il est tenu, *avant de prendre charge*, de faire visiter son navire dans les formes réglementaires, ensuite de bien arrimer sa cargaison à bord, et enfin de fournir connaissement des marchandises chargées dont il demeure responsable, ainsi que des dommages qu'elle peuvent éprouver par leur chargement sur le tillac sans le consentement écrit des chargeurs : toutefois le petit cabotage, et à plus forte raison la navigation au bornage exceptés ; 6° qu'il est tenu d'avoir à bord : l'acte de propriété, l'acte de nationalité, le rôle d'équipage, les connaissements, les charte-parties, les procès-verbaux de visite, les acquits de paiements ou à caution des douanes, le congé, le manifeste et la patente de santé; 7° que, pendant le voyage, le capitaine doit (indépendamment du livre de loch qu'on devrait peut-être rendre obligatoire dans sa tenue et son visa), très soigneusement tenir le livre de bord, en y mentionnant particulièrement les résolutions prises, les recettes et les dépenses concernant le navire, et généralement tout ce qui concerne le fait de sa charge et tout ce qui peut donner lieu à un compte à rendre, à une demande à former ; 8° qu'il doit toujours, et sous peine d'amende, se trouver en personne sur son navire, à l'entrée et à la sortie des ports, hâvres ou rivières ; et seulement, en cas de nécessités pressantes et sous certaines conditions, de constatation par les principaux de l'équipage et d'autorisation par les autorités judiciaires commerciales, consulaires ou vice-consulaires, ou à défaut par le magistrat du lieu, emprunter sur corps, mettre en gage ou vendre les facultés ; mais inévitablement en tenant compte ultérieurement des marchandises aliénées, si les chargeurs n'opèrent utilement le retrait au lieu de la relâche, en payant le fret et en donnant caution pour la contribution aux avaries générales ; 9° qu'il est tenu d'envoyer un compte signé aux propriétaires ou à leurs fondés de pouvoirs dans les cas prévus par la loi ; qu'il peut, sous certaines conditions, forcer ceux qui ont des vivres en particulier à les mettre en commun ; qu'il lui est prohibé, hors le cas d'innavigabilité légalement constatée, de vendre le navire sans un pouvoir spécial des propriétaires, à peine de nullité de la vente ; qu'il doit, sous peine de dommages-intérêts envers le propriétaire et les affréteurs *achever le voyage* pour lequel il était engagé, et qu'il *ne peut trafiquer* pour son compte particulier quand il navigue à profit commun sur le chargement, sous peine d'encourir la *privation entière de sa part dans le profit commun* ; 10° qu'il doit apporter dans l'exercice de ses fonctions la plus grande vigilance et le plus grand courage ; qu'il *ne peut abandonner son navire* pour quelque danger que ce soit, sans l'avis des officiers et principaux de l'équipage ; que, même en ce cas, il est *tenu de sauver* avec lui *l'argent* et ce qu'il peut des *marchandises les plus précieuses,* sans avoir à se préoccuper de la *perte par cas fortuit* des objets ainsi tirés du navire ; 11° que s'il aborde dans un port étranger, il doit s'adresser aux autorités compétentes pour faire son rapport et prendre un certificat constatant l'époque de son arrivée et de son départ, l'état et la nature de son chargement ; 12° que dans les vingt-quatre heures de son arrivée il doit faire viser son registre et faire son rapport à qui de droit en le faisant vérifier et en y énonçant formellement le lieu et le temps de son départ, la route qu'il a tenue, les hasards qu'il a courus, les désordres arrivés dans le navire et toutes autres circonstances remarquables de son voyage ; 13° que si pendant le cours du voyage il est *obligé de relâcher* dans un port français ou étranger, il est tenu de déclarer à qui de droit, les causes de sa relâche ; 14° que s'il *a fait naufrage* et s'il s'est sauvé seul ou avec partie de son équipage, il est tenu de se présenter devant qui de droit, d'y faire son rapport, dans le plus bref délai, de le faire vérifier regulièrement et d'en lever expédition ; 15° que, hors le cas de péril imminent, il ne peut décharger aucune marchandise avant d'avoir fait son rapport ; 16° que le capitaine qui ne se conforme point aux obligations édictées sous les nos 5°, 6°, 7°, 8°, 9°, 10°, 11°, 12°, 13°, 14° et 15°, est puni conformement aux art. 80 à 92 du décret du 24 mars 1852 ; 17° qu'il doit réprimer disciplinairement les infractions et les désordres commis à bord, constater les crimes, les délits et les contraventions, dresser les actes de naissance ou de décès, recevoir les testaments sur le navire, en un mot remplir la généralité des devoirs et fonctions qui incombent nécessairement et forcément à celui qui est à bord maître après Dieu ; 18° qu'il convient d'exprimer le vœu qu'il soit législativement reconnu que le capitaine, garant de ses fautes les plus légères, ait toujours droit, par contre et outre ses salaires, à une commission de cinq pour cent sur le fret.

XVI

MARINE EN GÉNÉRAL. — § 1. — Après avoir dit un mot de la marine de l'Etat, notamment 1° du service à la mer ; 2° du service intérieur à bord des bâtiments de la flotte ; 3° du personnel des équipages ; 4° du règlement sur la solde, les revues, l'administration et la comptabilité ; 5° du régime de la justice maritime ; 6° de l'administration du personnel-ouvrier des arsenaux maritimes ; 7° du corps du commissariat de la marine et de ce qu'il embrasse dans ses attributions ; 8° de l'inspection des services administratifs ; 9° du corps des ingénieurs hydrographes ; 10° du génie maritime ; 11° du conseil d'amirauté ; § 2. J'ai rapidement passé à la *marine marchande* et signalé 1° que, soumis au régime des classes, les gens de mer sont immatriculés, suivant leurs professions maritimes, dans les quartiers ou sous-quartiers dont la direction est confiée à des officiers du commissariat qui ont sous leurs ordres des syndics ; 2° j'ai soigneusement analysé le *décret disciplinaire et pénal* dans ses dispositions préliminaires, sa juridiction, l'organisation des tribunaux maritimes, les formes de procéder, les pénalités et les dispositions diverses; — § 3. Puis j'ai très fortement exprimé le vœu que le titre cinquième du code de commerce intitulé : *De l'engagement et des loyers des matelots et gens de l'équipage*, soit entièrement révisé, conformément au projet longuement motivé que j'ai très soigneusement élaboré, il y a plus de trois ans (1), mais j'ai particulièrement insisté sur l'extrême utilité d'introduire dans le domaine légal les dispositions suivantes, en les mariant avec celles actuelles qui se trouvent ainsi *amendées au plus haut degré* ; c'est à savoir :

XVII.

PROJET. § 1. — Le contrat d'engagement entre le capitaine et les marins consiste : de la part de ceux-ci dans le louage pur et simple de leurs services pour faire un ou plusieurs voyages

---

(I) Voir l'ouvrage que j'ai publié, dans le temps, et que j'ai eu l'honneur de remettre à S. Ex. M. le ministre de la Marine, intitulé *Revue critique de Jurisprudence maritime ; Révision du titre 5, L. 2 c. comm. art. 250 à 272.* — DES GENS DE MER. — in. 8°, 1863. — Durand, Paris.

en mer, chacun en sa qualité, moyennant un salaire convenu au mois, au voyage, au profit ou au fret, mais sans condition ni clause pénale ; et de la part du capitaine de les entretenir, nourrir, payer et rapatrier : le tout d'après les lois, décrets, ordonnances et réglements maritimes, lesquels seuls régissent réciproquement l'exécution de l'engagement.— § 2. La détermination du voyage ou de la durée de la navigation, du prix de la solde et de la ration de chaque jour, est délaissée aux libres conventions des contractants. — § 3. Seul le tribunal maritime commercial est compétent pour apprécier souverainement la question préjudicielle de faute imputée à l'homme de mer à l'occasion de sa solde par voie de rétention. — § 4. L'inscription au rôle d'équipage ou l'embarquement en route fait commencer le voyage qui dure jusqu'au débarquement opéré administrativement. — § 5. Après sa régularisation, le rôle fait exclusivement foi de la durée du voyage, du prix de la solde et de la ration de chaque jour. — § 6. A défaut de stipulations, la solde est de plein droit fixée au plus haut prix qui est établi dans le lieu de l'engagement ; la durée de la navigation ne peut en aucun cas excéder cinq ans ; et la ration est au moins équivalente à celle délivrée à bord des bâtiments de l'Etat. — § 7. En cas d'assurance du profit espéré ou du fret à gagner, contre la rupture, le retardement ou la prolongation de voyage par force majeure, les marins, en tenant compte proportionnellement de la prime, exercent leurs droits sur les indemnités reçues des assureurs. — § 8. En cas de prise, de bris et naufrage avec perte entière du navire et des marchandises, les matelots qui ont fait leur devoir sont payés par le propriétaire jusqu'au jour du sinistre. — § 9. En cas de vente par innavigabilité, les loyers courus depuis l'engagement jusqu'à la vente sont payés par les propriétaires. — § 10. Dans le premier cas, le rapatriement de chaque marin est à la charge de l'Etat avec la demi-solde jusqu'à sa rentrée dans son quartier d'inscription ; dans le deuxième cas, le rapatriement et la demi-solde sont à la charge des propriétaires. — § 11. Ni le voyage sur lest, ni la stipulation gratis de fret d'aller ou de retour ne peuvent préjudicier aux droits des marins engagés au mois. Ils doivent être payés comme si le navire eût voyagé chargé ou n'eût pas été affrété en travers. — § 12. Le matelot est toujours, et dans tous les cas, dispensé de restituer les avances reçues, mais les avances sont déduites des loyers courus qui excéderaient ces avances. — § 13. Outre l'action personnelle contre les propriétaires, qui ne peuvent se libérer par l'abandon envers les matelots, le navire et les frets acquis depuis le départ sont spécialement affectés au paiement privilégié des loyers, indemnités, rapatriement et frais de route dûs aux marins pour le dernier voyage qui s'étend depuis l'armement jusqu'au désarmement. Ils ont aussi pour toutes les créances précitées un privilège général qui vient, dans son exercice, concurremment avec celui du § 4 de l'art. 2101 c. nap. — § 14. Les matelots engagés au fret ou au profit sont payés de leurs loyers, seulement sur le fret ou le profit, à proportion de ce que reçoit ou retire le capitaine, sans préjudice de leurs droits proportionnels à l'assurance, en participant à la prime, ainsi qu'il a été dit au § 7. — § 15. Les capitaines ou armateurs qui, sans cause valable, seront en retard de payer les gens de mer, seront tenus de plein droit de donner à chacun des officiers cinq francs, et à chacun des autres gens de l'équipage deux francs par chaque jour de retard. Il y aura retard trois jours après l'arrivée du navire. — § 16. Il est défendu aux marins d'intenter pour leurs dûs aucun procès contre le capitaine et les propriétaires du navire avant le voyage fini par le désarmement administratif du navire dans les bureaux de l'inscription maritime d'un port de la métropole. — § 17. La prescription annale de l'action ne court qu'à partir de la date du désarmement administratif ou de l'expiration des délais dont parle l'article 375. c. com. en cas de perte présumée. — § 18. Lorsque cette prescription est acquise, elle peut toujours être neutralisée par la délation du serment. — § 19. L'administration de la marine a le droit d'agir au nom des matelots présents, absents ou disparus, et, en cas de décès, de leur veuve ou héritiers, pour avoir paiement de leur solde et autres dûs. — § 20. Cette administration a le droit d'intervenir dans toute affaire qui intéresse les matelots ou la caisse des gens de mer et des invalides de la marine.

XVIII.

Administration de la marine agissant pour les gens de mer. — § 1. En attendant cette révision législative, j'ai, en commentant le droit actuel tel qu'il se manifeste pratiquement, porté mes regards sur les *droits et devoirs* de l'administration de la marine dans l'intérêt des navires absents ; j'ai enseigné dans cet ordre d'idées — § 2. Que les consuls ont pour devoir spécial, de veiller au sauvetage des débris du navire, d'en assurer la vente, de procéder à la liquidation des salaires de l'équipage, et particulièrement de *donner avis des naufrages* par les voies les plus promptes. — § 3. Que l'administration de la marine, comme tutrice des gens de mer, et représentant tant la caisse des gens de mer que la caisse des invalides, a intérêt et qualité pour agir en justice contre les débiteurs des marins, surtout en ce qui concerne les loyers impayés des matelots absents ; — § 4. Qu'il en est de même des frais d'entretien, de rapatriement et de conduite, puisque cette administration, en effectuant le rapatriement des marins congédiés en pays étranger pour une cause quelconque, accomplit directement et principalement une véritable obligation qui lui est juridiquement imposée. — § 5. Qu'aussi l'administration de la marine a, contre les propriétaires et armateurs, dans tous les cas où ceux-ci sont légalement obligés au rapatriement, une action directe en remboursement des sommes par elle avancées pour cet objet. — § 6. Que cette action en répétition dérive et procède du devoir légal accompli par l'administration comme mandataire nécessaire des armateurs, et nullement d'une subrogation aux droits des marins. — § 7. Que cette même action se distingue essentiellement de celle applicable aux salaires ou gages des matelots, puisque la première n'est prescriptible que par trente ans, tandis que la dernière est prescriptible par un an à partir de la fin du voyage. — § 8. Qu'il est de toute nécessité d'interrompre la prescription annale par l'*interpellation judiciaire*, et qu'on ne doit entendre par interpellation judiciaire au cas actuel qu'une *citation en justice*, c'est-à-dire une demande introductive d'instance par exploit d'ajournement devant le tribunal. — § 9. Que cette instance a pour effet souverain d'empêcher la prescription de s'accomplir et de faire courir les intérêts des sommes judiciairement demandées ; que la prescription qu'elle interrompt est une véritable déchéance s'accomplissant par le seul fait de l'expiration du temps légal, sans qu'on puisse déférer le serment à l'armateur sur le point de savoir s'il a réellement payé, ni invoquer sa correspondance pour établir qu'il ne s'est jamais libéré. — § 10. Que seule, l'obligation de l'armateur constituant *novation*, peut remplacer la citation en justice ; que cette novation formelle ne peut résulter envers l'équipage que par une nouvelle obligation trentenaire contractée par l'armateur. — § 11. Qu'en cas de naufrage du navire le voyage est réputé légalement fini par le naufrage lui-même ou par la perte présumée par suite du défaut de nouvelles ; que cependant la prescription annale ne peut courir du jour du naufrage, si l'administration de la marine, non informée, est dans l'*impossibilité d'agir;* que cette administration doit être réputée avoir pu agir et est *tenue* d'exercer son action en justice, du jour même où elle a connaissance du naufrage ou de la perte, sans pouvoir soutenir que le cours de la prescription est suspendu jusqu'au moment du désarmement administratif. — § 12. Qu'il ne faut pas confondre la justification de l'action avec l'introduction de la demande ; que rien n'empêche de mettre l'action en mouvement, même d'une manière indéterminée, aussitôt que la nouvelle du sinistre parvient à l'administration en concluant au paiement 1° des gages dûs à l'équipage du navire naufragé ou déclaré innavigable depuis son départ jusqu'au jour du naufrage ou de la vente ; 2° des frais d'en-

tretien, de rapatriement et de conduite de ce même équipage;
le tout pour chaque chef à fournir par état et à déterminer,
tant par le rôle d'armement, que par celui de désarmement ;
3° des intérêts des condamnations à intervenir, tels que de
droit ; 4° des dépens, avec exécution provisoire, nonobstant
appel et sans caution : sous réserves d'autrement et plus
amplement conclure à l'audience, surtout de demander qu'il
soit sursis à statuer sur l'action jusqu'à ce qu'il soit possible de fournir le rôle de désarmement du navire. — § 13.
Que si le navire fait heureusement le voyage d'aller, ou
plusieurs voyages intermédiaires, les frets acquis pendant
ces différents voyages sont privilégièrement soumis au paiement des loyers dûs pour ces mêmes voyages, bien que le
navire ait péri dans le voyage de retour ; qu'il y a fret
acquis légalement aux marins lorsqu'il y a transport de la
cargaison ; que les stipulations gratis de nolis d'aller ,
entre l'armateur et le chargeur, ne peuvent nuire ni aux
assureurs, ni à plus forte raison aux matelots envers lesquels
les propriétaires du navire sont toujours obligés personnellement, sans pouvoir se libérer des salaires par l'abandon
du navire et du fret.

XIX.

CONSULATS. — Avant d'aborder les contrats maritimes, j'ai
dû parler : § 1 Des traités de commerce et de navigation con-
clus par la France avec les puissances étrangères : 1° n'ont-
ils pas posé le principe d'égalité entre les marines marchan-
des pour l'importation et l'exportation des produits internationaux ? 2° forcément aiguillonnée, l'industrie nationale a
affronté sur tous les points du globe la pleine et libre concurrence des produits industriels des autres nations et, dès
lors, assuré au commerce maritime, un aliment durable de
navigation et de fret ; § 2. De la protection efficace accor-
dée au commerce français par le corps consulaire : à cette
occasion, j'ai rapidement entrevu les lois et ordonnances

qui ont réglementé, complété et modifié l'organisation, les attributions et la compétence des consuls, vice-consuls, agents consulaires, etc., et parlé notamment 1° de l'ordonnance de 1681 qui s'occupe de l'organisation des consulats ; 2° des ordon. de 1713, 1722, 1687 déterminant la juridiction consulaire et le mode suivant lequel ces fonctionnaires doivent rendre leurs décisions ; 3° de l'ordonnance de 1728 qui réglemente le consulat français à Cadix ; 4° de l'ordonnance de 1756 qui a trait aux consuls et vice-consuls de l'Archipel ; 5° du règlement de 1776 qui s'occupe des consuls du Levant ; 6° de l'édit de 1778 qui règlemente les fonctions judiciaires et la procédure ; 7° du règlement de 1779 qui détermine les attributions consulaires à l'égard des prises ; 8° de l'ordonnance de 1781 qui règlemente les attributions consulaires pour les échelles du Levant, au point de vue politique, judiciaire et administratif ; 9° de l'ordonnance de 1815 qui organise le corps consulaire, détermine l'admission et l'avancement des consuls ; 10° de l'ordonnance de 1816 qui s'occupe des élèves vice-consuls ; 11° de l'ordonnance du 20 août 1833 qui traite de l'organisation actuelle des consuls, agents consulaires et officiers attachés aux consulats ; 12° de l'ordonnance du 23 août 1833 qui s'occupe des recettes et dépenses des chancelleries consulaires ; 13° de l'ordonnance du 23 octobre 1833 relative aux actes de l'état-civil des français en pays étrangers ; 14° de l'ordonnance du 24 octobre 1833 qui a trait aux dépôts opérés dans les chancelleries ; 15° de l'ordonnance du 25 octobre 1833 qui s'occupe des attributions des consuls, relativement aux passe-ports, légalisations et significations judiciaires ; 16° de l'ordonnance du 26 octobre 1833 qui traite des fonctions des agents consulaires et vice-consuls ; 17° de l'ordonnance du 29 octobre 1833 qui s'occupe des fonctions des consuls dans leurs rapports avec la marine marchande ; 18° de l'ordonnance du 7 novembre 1833 qui traite des rapports des consuls avec la marine militaire ; 19° de l'ordonnance du 28 novembre 1833 qui parle de l'immatriculation des français résidant à l'étranger dans

les chancelleries consulaires; 20° de la loi du 28 mai 1836 qui
a pour objet la poursuite et le jugement des crimes, délits et
contraventions commis par les français dans les échelles du
Levant et de Barbarie ; 21° des ordonnances de 1836 qui in-
vestissent le premier secrétaire d'ambassade à Constantinople
des fonctions judiciaires attribuées aux consuls dans le Levant ; 22° de l'ordonnance de 1842 qui modifie l'organisation
du tribunal consulaire de Constantinople ; 23° de l'ordonnance du 6 novembre 1842 qui fixe le tarif des droits à percevoir dans les chancelleries ; 24° de l'ordonnance du 6 avril
1845 qui permet de choisir les consuls ailleurs que parmi les
élèves et les employés de la direction commerciale des affaires étrangères et détermine les nouvelles conditions d'avancement ; 25° de l'ordonnance du 27 juillet 1845 qui s'occupe
du traitement des agents rappelés et retenus en France ; 26°
de l'ordonnance du 15 février 1847 qui traite de la comptabilité individuelle des divers consuls ; 27° du décret du 14 décembre 1848 qui fixe l'indemnité pour frais d'établissement ;
28° du décret du 25 octobre 1851 qui modifie le tarif des
droits à percevoir dans les chancelleries pour l'expédition des
paquebots à vapeur français ; 29° du décret du 20 février
1852 qui est également relatif à la fixation des indemnités et
des frais d'établissements ; 30° de la loi du 8 juillet 1852 qui
s'occupe des attributions judiciaires des consuls de France
en Chine et dans les Etats de l'iman de Mascate ; 31° du décret du 25 août 1852 qui traite des fonctions judiciaires à
Macao ou à Canton ; 32° des décrets des 13 avril 1852 et 11
septembre 1853 qui règlent les priviléges et immunités des
consuls entre la France, la Sardaigne et les Etats-Unis d'Amérique ; 33° du décret du 26 avril 1854 qui s'occupe des allo-
cations attribuées aux agents diplomatiques et consulaires
obligés, pour cause de guerre ou de force majeure, de ren-
trer en France ; 34° du décret du 5 août 1854 qui fixe la
quotité des remises allouées aux chanceliers chargés de la
gestion des consulats ; 35° du décret du 22 septembre 1854
qui règle les attributions des vice-consuls ; 36° du décret du
31 juillet 1855 qui concerne les congés à accorder aux drog-

mans. et aux chanceliers ; 37° des conventions des 8 juin et 26 juillet 1855 qui admettent réciproquement des consuls dans les colonies et possessions d'outre-mer de la France et des Pays-Bas, et qui traitent des attributions et prérogatives de ces agents ; 38° du décret du 12 août 1857 traitant de l'admission réciproque de consuls en France et dans la ré-publique de Venezuela, et des priviléges, immunités et attri-butions de ces agents ; 39° de la loi du 1er mai 1858 qui fixe la juridiction des consuls de France en Perse et dans le royau-me de Siam ; 40° du décret du 20 août 1860 qui règle la comp-tabilité des chancelleries diplomatiques et consulaires ; 41° du décret du 17 mars 1861 s'occupant de la convention con-sulaire entre la France et le Brésil ; 42° de la loi du 19 mars 1862 s'occupant de la juridiction des consuls de France au Japon ; 53° du décret du 18 mars 1862 promulguant la con-vention consulaire conclue avec l'Espagne ; 44° du décret du 24 septembre 1862 promulguant la convention consulaire avec le royaume d'Italie.

XX

AFFRÈTEMENT. — Parvenu aux contrats maritimes, le pre-mier qui a été l'objet de mon investigation a été le contrat d'*affrétement* ou de nolissement. J'ai rappelé : 1° que la con-vention qui a pour objet la location d'un navire s'appelle *charte-partie;* 2° que celui qui loue est le *fréteur;* 3° que celui qui prend à loyer est l'*affréteur ;* 4° que le prix de la location s'appelle *fret* ou nolis ; 5° que les divers *modes d'affrétements* consistent dans le nolissement total ou partiel au voyage, au mois, à temps limité, au tonneau, au quintal, à forfait, à cueillette; 6° que la loi du lieu où l'acte d'affrétement est passé régit le nolissement, quant à sa forme, à ses conditions fondamentales et à son mode de preuve ; 7° que le louage d'un navire doit se faire par un écrit renfermant les énonciations légales, sans pouvoir être prouvé par témoins, sauf l'aveu et le serment; *mais que la preuve testimoniale doit être prohibée de toute nécessité ;* 8° que les clauses douteuses des contrats d'affrétements doivent s'interpréter contre l'affréteur ou chargeur ; 9° que les obligations principales qui découlent de la charte-partie sont : pour le fréteur, de procurer la jouissance du navire, et, pour l'affréteur, de payer le fret ; 10° que l'exécution de ces obligations est réciproquement et commutativement garantie par l'affectation de plein droit du navire, du fret et des marchandises ; 11° que si, avant le départ du navire, il y a interdiction de commerce avec le pays pour lequel il est destiné, les conventions sont résolues ; 12° que si l'interdiction arrive pendant que le navire est en route, il n'est dû que le fret de l'aller ; 13° qu'en cas de blocus du port de destination, le capitaine doit se rendre dans un des ports voisins de la même puissance, et si le voyage est prolongé, le fret est augmenté en proportion ; 14° que si la force majeure n'empêche que pour un temps la sortie du navire, les conventions subsistent sans dommages et intérêts, mais le chargeur a la faculté, pendant l'arrêt, de faire décharger ses marchandises ; 15° que des stipulations multiples sont généralement insérées dans les chartes-parties, notamment en ce qui touche : *a* le chargement à prendre dans des ports différents et le droit de faire escale ; *b* les accons à la charge des réceptionnaires ; *c* la consignation du navire, moyennant commission, aux agents des affréteurs; *d* le retrait ou la substitution des marchandises au lieu de charge ; *e* le vide payé comme fret plein ; *f* le fret gratis d'aller ; *g* les avances sur fret et leur assurance ; *h* la gratification pour bon arrimage ; *i* la capacité du navire et la détermination du tirant d'eau ; *j* l'abordage au plus près du port ; *k* la détermination du chargement en marchandises convenables, eu égard à la configuration du navire ; *l* l'obligation de signer les connaissements à un fret moindre que celui stipulé dans la charte-partie ou au taux à désigner par l'affréteur, avec ou sans préjudice de la charte-partie, soit des droits en résultant et en s'y référant ; *m* la prohibition de sous-affréter ; *n* la défense de charger des pacotilles dans les endroits réservés ; *o* la faculté de transborder la mar-

chandise et d'échanger les connaissements au point intermédiaire ; *p* le fret à payer sur le poids net de douane ; *q* le
point de départ des surestaries et leur quantum, soit au port
de charge, d'ordre ou de décharge, et le paiement des jours
de planche à tout évènement, ou jour par jour, ou fixés à
forfait ; *r* le déchargement contre ou le long du bord, ou sur
rade, ou sous palan, etc., etc.

XXI

Connaissement. — J'ai rappelé : 1° que la charte-partie ne
peut jamais constater le chargé ; 2° que seul, le connaissement en est la véritable preuve ; 3° que le connaissement est
effectivement la reconnaissance écrite fournie par le capitaine des marchandises qu'il reçoit ; 4° qu'il doit exprimer
les énonciations légales ; 5° qu'il doit être fait au moins en
quatre originaux, le premier pour le chargeur, le second
pour le réclamateur, le troisième pour le capitaine, le quatrième pour l'armateur ; 6° qu'il peut être à ordre ou au
porteur ; qu'il doit être signé dans les vingt-quatre heures
après le chargement par le chargeur et par le capitaine ;
7° qu'il fait foi entre toutes les parties intéressées au chargement, même contre les tiers, quand il est rédigé dans les formes
légales ; 8° Qu'en cas de diversité entre les connaissements,
celui entre les mains du capitaine fait foi s'il est rempli de
la main du chargeur ou de celle de son commissionnaire ; et
celui qui est représenté par le chargeur ou le consignataire,
est suivi s'il est rempli de la main du capitaine ; 9° que ce
dernier, quand il délivre la marchandise, a le droit d'exiger
un reçu du réclamateur ; 10° que s'il se présente plusieurs
réclamateurs le capitaine ne doit opérer la délivrance qu'aux
mains de qui, par justice il sera ordonné : toutes les parties
intéressées mises en présence ou duement appelées ; 11° que
l'endossement régulièrement opéré du connaissement est
translatif de propriété des marchandises expédiées, au profit du porteur de bonne foi, malgré la mauvaise foi de l'en-

dosseur qui n'aurait disposé du connaissement que par un abus de confiance commis au préjudice de celui qui le lui avait confié ; 12° que le connaissement contenant l'invitation de délivrer à ordre ou aux ayants-droit la marchandise expédiée, sans indiquer le nom ni l'adresse du destinataire de la marchandise, a le caractère d'un connaissement au porteur, bien que le chargeur l'ait revêtu d'un endossement, si cet endossement a été fait en blanc et non à ordre ; 13° qu'un tel connaissement est transmissible par la seule tradition et translatif de la propriété de la marchandise au profit de tout porteur de bonne foi ; 14° que dans le cas d'affrétement en travers, le capitaine n'est pas responsable de la différence existant entre la mesure portée sur les connaissements et la mesure trouvée au débarquement, alors même qu'il aurait signé les connaissements non avec la clause « mesure inconnue », mais avec celle « poids inconnu » ; cette dernière mention devant s'interpréter, en pareil cas, comme ayant pour effet d'exonérer le capitaine de toute responsabilité quant à la quantité des marchandises chargées ; 15° que lorsqu'il a été délivré des connaissements à ordre ou au nom d'un destinataire désigné, le chargeur ne peut retirer, avant le départ, les marchandises par lui confiées à un entrepreneur de transports, qu'en restituant à celui-ci tous les exemplaires des connaissements ; 16° que la clause « que dit être », insérée dans les connaissements, crée, en faveur du capitaine, une présomption qui dégage sa responsabilité quant à la différence entre le poids constaté au débarquement et le poids déclaré sur les connaissements, à moins que les réclamateurs ne prouvent formellement qu'il y a eu, par le fait du capitaine ou de son équipage, fraude ou détournement ; 17° que lorsqu'un connaissement se réfère à la charte-partie, le capitaine est fondé à réclamer à l'encontre des tiers porteurs l'exécution de toutes les stipulations d'affrétement ; 18° que par contre, quand il n'existe aucune référence au contrat d'affrétement, le capitaine est tenu de délivrer la marchandise sans pouvoir exiger autre chose du réclamateur que le fret stipulé par le connaissement ; 19° que l'en-

dossement d'un connaissement à ordre opère transmission
de propriété des marchandises voyageant par mer et dont il
est la représentation symbolique ; sans qu'il soit nécessaire
que le tiers porteur soit nanti des factures d'achat, bien en-
tendu lorsqu'il ne s'agit pas de régler les effets de la trans-
lation de propriété au regard d'un vendeur impayé ; 20° que
même le vendeur qui s'est volontairement dessaisi du connaissement aux mains de l'acheteur ne peut, en cas de non
paiement, exercer l'action en revendication qu'à charge par
lui de rembourser au tiers porteur de bonne foi les avances
par lui faites contre la remise et l'endossement du connaissement.

XXII

Fret. — *Suite de la charte-partie et du connaissement.* —
Le titre 8 s'occupe des droits et des obligations de l'affréteur.
J'ai rappelé 1° que si le navire est loué en entier l'affréteur a
le droit de jouir de la totalité du navire ; 2° que si l'affréteur
ne lui donne pas toute sa charge, le capitaine ne peut prendre
d'autres marchandises sans la volonté de l'affréteur ; 3° que
ce dernier a droit au fret des marchandises qui complètent
le chargement ; 4° que dans le cas où le navire est loué en
partie, l'affréteur n'a droit qu'à l'espace nécessaire pour pla-
cer ses marchandises ; 5° que le capitaine qui déclare le navire d'un plus grand port qu'il n'est, est tenu à des dommages
et intérêts envers l'affréteur, à moins que l'erreur dans la déclaration n'excède pas un quarantième ou que la déclaration
ne soit conforme au certificat de jauge ; 6° que l'affréteur
doit payer le fret convenu et en entier lors même qu'il n'aurait pas chargé complètement ; 7° que si l'affréteur charge
plus de marchandise qu'il n'a été convenu par la charte-
partie, il paie le fret de l'excédant sur le prix réglé par le
contrat d'affrétement ; 8° que l'affréteur qui rompt le voyage
avant le départ et sans avoir rien chargé doit payer en indemnité au capitaine la moitié du fret convenu ; 9° que si le
navire est chargé à cueillette, le chargeur, en payant le

demi-fret et en supportant les frais de charge, de décharge
et de rechargement des autres marchandises et ceux du retardement, a le pouvoir de retirer toutes ses marchandises
propres ; 10° que le chargeur qui retire ses marchandises
pendant le voyage est tenu de payer le fret en entier et tous
les frais de déplacement occasionnés par le déchargement,
et cela même dans le cas où le navire a été chargé à cueillette ; 11° que le capitaine par le fait ou faute duquel le reti-
rement des marchandises a lieu, est responsable de tous les
frais ; 12° que le capitaine qui a été forcé de vendre des marchandises avariées, en cours de voyage, a droit au fret entier ;
13° que si le capitaine est contraint de faire radouber le
navire pendant le voyage, l'affréteur est tenu d'attendre ou
de payer le fret entier ; 14° que dans le cas où le navire ne
pourrait être radoubé, le capitaine est rigoureusement obligé
d'en louer un autre ; 15° que si le capitaine a fait régulièrement constater son impossibilité de noliser un autre navire,
alors le fret n'est dû qu'à proportion de l'avancement du
voyage ; 16° que le capitaine perd nécessairement son fret et
répond même de tous dommages-intérêts envers l'affréteur,
si celui-ci prouve que lorsque le navire a mis à la voile, ce
navire était véritablement hors d'état de naviguer ; 17° que
le fret est dû pour les marchandises que le capitaine a été
contraint de vendre pour subvenir aux nécessités pressantes
du navire ; 18° que le capitaine doit tenir compte des marchandises vendues au prix que les marchandises de même
nature et de même qualité seront vendues au lieu de reste ;
19° que si le navire se perd après la vente, le capitaine tient
compte des marchandises sur le pied qu'il les aura vendues ;
20° que s'il arrive interdiction de commerce avec le pays
pour lequel le navire est en route et qu'il soit obligé de re-
venir avec son chargement, il n'est dû au capitaine que le
fret de l'aller, quoique l'affrétement soit pour l'aller et le
retour ; 21° que si le navire est arrêté dans le cours de son
voyage par l'ordre d'une puisance, il n'est dû aucun fret pour
le temps de sa détention si le navire est affrété au mois ; ni
augmentation du fret s'il est loué au voyage, sauf la contri-

bution de l'affréteur, à la nourriture et aux loyers des gens
de mer pendant la détention du navire ; 22° que l'affréteur
doit les frais de retardement provenant de son fait ; 23° que,
par contre, le capitaine doit indemniser l'affréteur si le retard lui est imputable ; 24° que le capitaine est payé du fret
des marchandises jetées à la mer pour le salut commun, à la
charge de contribution ; 25° qu'il n'est dû aucun fret pour
les marchandises perdues, pillées ou prises ; et, s'il n'y a con-
vention de fret acquis à tout événement, le fret avancé doit
être restitué ; 26° si le navire et les marchandises sont rache-
tés ou les marchandises sauvées du naufrage, le capitaine
doit inévitablement être payé de son fret jusqu'au lieu de la
prise ou du naufrage ; 27° que le capitaine touche l'entier
nolis en contribuant au rachat, s'il conduit la cargaison au
lieu de destination, sauf la contribution ultérieure sur la moitié du navire et du fret ; 28° qu'en aucun cas les chargeurs
ne peuvent demander de diminution sur le prix du nolis ;
29° qu'il ne peut non plus abandonner pour le fret les marchandises diminuées de prix, ou détériorées par leur vice
propre, ou par cas fortuit ; 30° qu'il en est autrement, cependant, des fûts contenant des liquides et devenus vides ou
presque vides par le coulage qui ne provient ni du mauvais
état des fûts ni de la faute du capitaine ; 31° si aucun réclamateur ne vient opérer le retrait de la cargaison ou si le
consignataire refuse de recevoir les marchandises, le capitaine peut, par autorité de justice, en faire vendre pour le
paiement de son fret, et faire ordonner le dépôt du surplus
en tierce consignation ; 32° que, par contre, le capitaine ne
peut retenir les marchandises dans son navire faute de paiement de son fret ; 33° qu'il peut, dans le temps du déchargement, demander le dépôt en mains tierces jusqu'au
paiement de son fret ; 34° qu'il est préféré et privilégié pour
fret et avaries sur les marchandises de son chargement pendant quinze jours après leur délivrance, si elles ne sont pas-
sées en mains tierces ; 35° que si le retard nécessité par le
radoub peut entraîner la perte du chargement, il est l'équi-
valent d'une rupture forcée de voyage, et que dès lors l'affré-

teur a le droit, en ce cas, de retirer la marchandise en payant le fret à proportion seulement du voyage commencé ; 36° que le capitaine, qui par suite d'innavigabilité déclarée, a rempli le devoir de noliser un autre navire et transbordé sa cargaison, a droit à la totalité du fret originairement convenu; alors même que le navire, forcément substitué, aurait été nolisé pour un fret inférieur ; 37° que si le consignataire de l'étranger refuse le chargement, le capitaine ne peut faire vendre que par autorité de justice, soit consulaire, soit locale, nonobstant tout usage contraire ; 38° que le capitaine, qui vend sans autorisation de justice, perd son recours contre le chargeur en cas d'insuffisance de la marchandise ; 39° que de nombreuses clauses interviennent le plus souvent en ce qui touche le fret ; qu'il peut être stipulé : 1° acquis à tout événement ; 2° ou à forfait ; 3° pour l'aller et le retour liés ; 4° gratis d'aller ; 5° payable sur le poids porté au connaissement ; 6° au plus haut prix du lieu de départ ; 7° à fixer ultérieurement ; 8° à percevoir d'après le cours du lieu de reste ; 9° à recevoir avec réserve de la contribution aux avaries ; 10° payable le vide comme le plein, sans constatation du vide ; 11° courant du jour où le navire fait voile ; 12° à régler au port de reste par le courtier mandataire ; 13° à calculer sur la quantité embarquée ; 14° à encaisser par le correspondant des affréteurs, etc., etc.

XXIII

CONTRATS A LA GROSSE. — § 1.Parvenu à cette importante matière, je me suis particulièrement attaché à définir le contrat à la grosse, à en indiquer les caractères, à rechercher les conditions requises pour sa validité, à faire connaître les formalités auxquelles il est soumis, et surtout les droits et devoirs des contractants. § 2. J'ai enseigné et rappelé 1° que l'emprunt à la grosse est un contrat par lequel l'une des parties, l'emprunteur ou preneur, reçoit de l'autre, le prêteur ou donneur, une certaine somme d'argent pour être employée à une expédition maritime, avec condition que, si les objets affectés au contrat arrivent à bon port, l'emprunteur rembourse tant le capital prêté que le profit maritime; 2° que si, au contraire, les objets exposés aux dangers de la navigation périssent en tout ou partie, par fortune de mer, le prêteur ne peut rien réclamer au-delà de la valeur de ce qui reste des objets mis en risque. § 3. Que le contrat à la grosse a des caractères spéciaux : 1° qu'il est plus *réel* que personnel puisque la navigation seule forme son objet, le change maritime fait partie du profit du voyage, l'action du donneur est subordonnée à l'existence de la chose affectée au prêt; 2° qu'il est *unilatéral* puisqu'il n'y a que l'emprunteur d'obligé; 3° qu'il est *intéressé* de part et d'autre, puisqu'il n'est pas gratuit de la part du donneur qui stipule un profit maritime ; 4° qu'il est *conditionnel*, puisque, s'il y a perte par force majeure, l'emprunteur n'est plus obligé de rendre la somme prêtée; 5° qu'il est *aléatoire*, puisque le risque total ou partiel couru par le donneur peut seul l'autoriser à recevoir légitimement le profit stipulé. § 4. Que le contrat à la grosse aventure diffère du contrat d'assurance maritime en ce sens 1° que le donneur fournit réellement une certaine somme qui sert à l'achat des effets des risques; 2° qu'il faut des choses susceptibles d'être la matière d'un gage, le prêteur ne contractant aucune obligation envers l'emprunteur ; 3° que le prêteur est tenu de prouver la réalisation de l'événement qui lui donne droit d'exiger la somme prêtée et le profit nautique ; 4° qu'enfin, au cas de naufrage, le donneur a privilége sur la totalité des effets sauvés, sans que l'emprunteur puisse être admis en concours avec lui. § 5. Qu'au contraire, dans le contrat d'assurance 1° l'assureur ne fournit rien et reçoit une prime; 2° l'assureur s'oblige à payer jusqu'à concurrence de la somme assurée; 3° l'assuré doit produire la preuve de la perte ; 4° enfin l'assuré vient, pour son découvert, en concours avec ses propres assureurs sur les effets sauvés. § 6. Que le contrat à la grosse se rapproche dans certains cas du contrat d'assurance, en ce sens 1° qu'on voit chargé de risques dans l'un le prêteur et dans l'autre l'assureur ; 2₀ que les prix des risques maritimes, c'est-à-dire, dans l'un le profit et dans l'autre la prime, sont supportés d'après les mêmes règles et peuvent être modifiés de la même manière ; 3° que le taux du profit ou de la prime est plus ou moins élevé, suivant la durée et la nature des risques ; 4° que les deux contrats n'ont d'effet qu'autant que les objets affectés au prêt ou assurés sont exposés à des risques maritimes, et que les mêmes événements ou circonstances font commencer et finir ; 5° qu'ils donnent droit tous les deux aux effets sauvés en cas de sinistre. § 7. Que le prêteur à la grosse est un assureur qui dépose d'avance la valeur de l'objet assuré pour la reprendre en percevant la prime quand il n'y a pas perte ; que la prime est toujours acquise à l'assureur ordinaire tandis que la perte en prive l'assureur par prêt à la grosse, c'est-à-dire le prêteur ou donneur. § 8. Que les conditions requises pour la validité du prêt à la grosse sont 1° le consentement des parties ; 2° leur capacité commerciale; 3° un capital prêté ; 4° une chose sur laquelle porte l'emprunt; 5° des risques à courir; 6° un profit maritime. § 9. Que les emprunts à la grosse peuvent être affectés sur corps et quille du navire, sur les agrès et apparaux, sur l'armement et les victuailles, sur le chargement, sur la totalité de ces objets conjointement ou sur une partie déterminée de chacun d'eux, le tout privilégièrement et par préférence, conformément aux articles 315, 320 à 323 c. com. ; § 10. Qu'on ne peut actuellement emprunter ni sur le fret à faire du navire, ni sur le profit espéré des marchandises, sous peine par le prêteur d'être privé de tout intérêt et de n'avoir droit qu'au remboursement du capital; qu'on ne peut non plus actuellement prêter aux matelots ou gens de mer sur leurs loyers ou voyages ; qu'à ce sujet les prohibitions sont les mêmes que celles en matière d'assurance ; qu'il est à désirer très vivement que les articles 347, 318 et 319 c. com. soient complètement abrogés ; § 11. Que tout emprunt à la grosse fait pour une somme excédant la valeur des objets affectés, peut être déclaré nul à la demande du prêteur, s'il y a fraude de la part de l'emprunteur ; que s'il n'y a fraude, le contrat est valable jusqu'à concurrence de la valeur des effets affectés, et le surplus est remboursable avec intérêt au cours de la place ; § 11. Que le prêteur doit courir tous les risques maritimes dans le temps déterminé ou conformément à l'article 328 : 1° si les effets affectés sont perdus en totalité par cas fortuit dans le temps et dans le lieu des risques, la somme prêtée ne peut être réclamée ; 2° en cas de naufrage le paiement des sommes empruntées est réduit à la valeur des effets sauvés et affectés au contrat, déduction faite des frais de sauvetage ; 3° les prêteurs contribuent aux avaries à la décharge des emprunteurs ; § 12. Que celui qui emprunte à la grosse sur des marchandises n'est point libéré par la perte du navire et du chargement, s'il ne justifie qu'il y avait, pour son compte, des effets jusqu'à concurrence de la somme empruntée ; § 13. Que s'il y a contrat à la grosse et assurance sur le même navire ou sur le même chargement, le produit des effets sauvés du naufrage est partagé entre le prêteur à la grosse *pour son capital seulement*, et l'assureur pour les sommes assurées, au marc le franc de leur intérêt respectif, sans préjudice des priviléges établis en l'article 191 c. com. ; § 14. Que tout contrat à la grosse est fait devant notaire ou sous signature privée et peut être à ordre : 1° il énonce le capital prêté et la somme convenue pour le profit maritime, les objets sur lesquels le prêt est affecté, les noms du navire et du capitaine, ceux du prêteur et de l'emprunteur, le voyage et le temps des risques et l'époque du remboursement ; 2° en France il doit être enregistré au greffe compétent, à l'étranger il est soumis aux formalités prescrites par l'article 234, le tout conformément à l'article 312 ; § 15. Qu'il est à désirer que le contrat à la grosse, tel qu'il est défini par le code prussien (art. 2359 à 2362), soit transcrit sur l'acte de nationalité faisant partie des pièces de bord, afin d'obtenir préférence à l'égard des tiers.

XXIV

Des assurances. — § 1. A ce point capital des contrats mari-
.times, les assurances, sorties des contrats à la grosse, qui
en contiennent virtuellement tous les principes, puisqu'elles
reposent sur les risques des cas fortuits, ont, d'une manière
toute spéciale, formé l'objet de nos entretiens ; § 2. En conséquence, j'ai parcouru toute la matière et longuement déve-
loppé que l'assurance maritime doit se définir : un contrat
par lequel l'un des contractants, l'assureur, s'oblige envers
l'autre, l'assuré, de l'indemniser de la perte totale ou partielle, moyennant une *prime* que doit payer ce dernier *pour
le prix des risques nautiques* dont se charge le premier ; § 3.
Que pour être parfait il faut, outre les conditions essentielles
à la validité des conventions en général, que la matière qui
en est l'objet soit ou doive être véritablement exposée aux
risques de la navigation ; § 4. Que le contrat d'assurances,
qui se distingue par ses caractères particuliers des autres
contrats, est : 1° bilatéral, puisque les contractants s'obligent
réciproquement; 2° conditionnel, puisqu'il s'évanouit, si avant
le commencement du risque le voyage est rompu; 3° aléatoire,
puisque le prix que l'une des parties reçoit a pour objet les
risques dont elle se charge ; § 5. Que deux idées principales
dominent le contrat d'assurance : 1° la bonne foi la plus scru-
puleuse. doit présider aux stipulations des contractants ; 2°
l'assurance ne peut être un objet de lucre et ne garantit
que les objets mis en risque ; 3° ce qui revient à dire simple-
ment que l'*assurance est un contrat d'indemnité du préjudice
réellement souffert* ; § 6. Que le contrat est régi, quant à sa
forme et à ses effets, par la loi du pays où il a été passé ;
1° que l'acte qui contient les conventions des contractants porte
le nom de police d'assurance; 2° que cette police peut être sous
signature privée ou rédigée, soit par courtier, soit par notaire ; 3° qu'elle peut être à ordre ou au porteur ; 4° qu'on doit
surtout prohiber dans ce contrat la preuve testimoniale, ban-

nie à juste titre des contrats nautiques par toutes les législations maritimes ; 5° que s'il y a obscurité ou doute, on doit interpréter les pactes contre les stipulants ; 6° qu'à ce sujet l'appréciation des tribunaux est souveraine et ne peut tomber sous la censure de la cour de cassation. § 7. Qu'on doit reprocher à l'art. 334 l'inutilité de son énumération, et qu'il suffisait de dire : sont susceptibles de faire l'objet d'une assurance toutes choses ou valeurs estimables à prix d'argent sujettes aux risques de la navigation, c'est-à-dire de nature à périr totalement ou partiellement par fortune de mer. § 8. Que l'assurance à prime liée engage la responsabilité des assureurs sans interruption, depuis le départ jusqu'à la rentrée au port de destination ; que dans l'assurance à temps limité, le temps des risques ne reçoit pas d'interruption par la rentrée du navire au port de départ ; que dans la navigation fluviale, on applique les règles ordinaires de l'assurance maritime, et qu'on devrait étendre tous les contrats nautiques à cette navigation. § 9. Que les art. 336, 348, 357 et 380 ont pour objet de protéger éminemment les assureurs contre les fraudes et les dangers des spéculations déloyales ; que les profondeurs de l'océan recèlent effectivement les mystères de bien des mensonges, et qu'il était du devoir impérieux de la loi de frapper de rescindabilité ou de nullité toute opération préjudiciable, déloyale ou coupable ; § 10. Que l'assuré devant être replacé, par la fidéjussion de l'assurance, dans la position que lui aurait faite l'heureuse navigation, l'assureur répond généralement de toutes pertes et dommages réalisés sur la mer et par la mer, par cas fortuit ou force majeure ; § 11. Que les effets et l'étendue de cette responsabilité sont déterminés par les pactes ; et en cas de silence des accords par le droit commun qui régit alors souverainement les contractants, conformément aux art. 350 et suiv. c. com. ; § 12. Que les assurés, pour se faire indemniser, ont le choix entre l'action en délaissement et l'action d'avarie : sans jamais pouvoir mettre à la charge des assureurs ni les pertes qui arrivent par vice propre, ni les dommages provenant des agissements des assurés, ni les droits de navigation, ni enfin les prévarications et fautes de l'équipage, s'il y a convention contraire ; § 13. Que le créancier gagiste peut stipuler, après une première assurance faite dans un autre intérêt que le sien, une seconde assurance dans laquelle il trouvera une garantie éventuelle si la première est caduque ; de même que l'assuré peut couvrir la solvabilité de l'assureur, puisqu'il court le risque si son assureur devient insolvable ; § 14. Qu'en cas de falsification, de supposition ou de fraude, l'assureur peut faire vérifier et estimer les objets assurés ; que l'estimation contractuelle est présumée exacte jusqu'à preuve contraire par l'assureur ; que la clause « valeur agréée » constitue preuve pour l'assuré et présomption simple contre l'assureur ; § 15. Que la principale obligation de l'assuré est de payer 1° la prime, 2° le 1/2 pour cent de la valeur couverte, en cas de rupture du voyage avant le départ, 3° les 2/3 proportionnels de la prime, au cas de l'art. 356, 4° en fournissant caution s'il tombe en faillite, sous peine de résiliation de la police, et 5° dans tous les cas, en avisant les assureurs, conformément aux art. 374 et 390; § 16. Que, par contre, pour se faire indemniser, l'assuré a le droit de choisir entre l'action en avarie et l'action en délaissement des objets assurés ; 1° que le délaissement peut être fait entièrement et sans condition, conformément à l'art. 369, s'il n'y a stipulation dérogatoire; 2° qu'il ne s'étend qu'aux objets qui ont couru les risques; 3° qu'il comprend le fret des marchandises à bord aux charges de droit ; 4° qu'une fois accepté ou jugé valable, il est essentiellement translatif de propriété envers les assureurs ; 5° que légalement subrogés dans les droits de l'assuré, ces derniers ne peuvent, sous prétexte du retour du navire, se dispenser de payer la valeur assurée; 6° que le délaissement doit être fait dans les délais légaux, par action en justice; 7° qu'il est soumis aux déclarations exigées par les art. 379 et 380 et aux justifications demandées par les art. 383, 384, 344, 345; 8° le tout abandonné à la souveraine appréciation des juges, qui ne sont point liés par les déclarations consulaires d'innavigabilité ; § 17. Que les intérêts commerciaux : 1° réclament l'abrogation des prohibitions légales touchant

l'assurance du fret à faire et du profit espéré; 2° demandent que
les assureurs soient légalement chargés des prévarications
et fautes des gens de mer, ainsi que cela est édicté par la
législation de Hambourg et de Suède; 3° veulent particulièrement que les polices soient débattues contradictoirement et
comblent surtout le gouffre qui existe entre le réglement
par voie de délaissement et celui par voie d'avarie ; 16°
qu'enfin la prohibition de déroger à l'art. 369 éviterait avec
l'unité des polices ces nombreux procès qui sont la véritable plaie des assurances maritimes.

XXIV.

DES AVARIES. — Après avoir : § 1 défini les avaries, toutes
dépenses extraordinaires faites pour le navire et les marchandises, conjointement ou séparément; tout dommage qui
arrive au navire et aux marchandises, depuis leur chargement et départ jusqu'à leur retour et déchargement ; —
§ 2. Classé les avaries en grosses ou communes et simples
ou particulières ; — § 3. Rangé dans les avaries communes
en général, les dommages soufferts volontairement et les dépenses faites d'après délibération motivée, pour le bien et le
salut commun du navire et des marchandises ; — § 4. Classé
dans les avaries, particulières en général, les dépenses faites
et le dommage souffert pour le navire seul ou pour les marchandises seules ; — § 5. J'ai enseigné que les articles 400 et
403 énumérant les divers accidents de mer qui, selon les
circonstances, déterminent soit des avaries grosses, soit des
avaries simples, posent une règle générale qui fait discerner
le classement des avaries ; — § 6. Que le *caractère de l'avarie*
est irrévocablement fixé au moment où le navire et la marchandise, conjointement ou l'un ou l'autre séparément, su-
bissent la *volonté* qui, pour le salut commun, leur impose un
sacrifice ou le fait de force majeure qui cause un dommage
ou nécessite une dépense. — § 7. Que dans le premier cas

l'avarie commune, à son origine, ne peut pas plus dégénérer, par les actes subséquents, en avarie particulière, que celle-ci ne peut se résoudre en avarie commune. — § 8. Que sans doute après que le navire a échoué par une fortune de mer, il se produit nécessairement des actes volontaires qui imposent des sacrifices à la marchandise ; mais ces actes ne cessent pas de participer du caractère de l'avarie simple quand ils s'y rattachent forcément. — § 9. Que procédant d'une avarie particulière, ils lui empruntent son caractère, par cette raison que la volonté qui les accomplit est dominée par le fait primordial de la force majeure. — §. 10. Que dès lors les dépenses, mêmes volontaires, qui sont faites pour réparer un navire placé sous la loi de l'avarie particulière, sont ellesmêmes des avaries de même nature que celles subies par le navire. — § 11. Que, pour échapper à ces conséquences, on objecterait vainement que dans le cas d'échouement, par force majeure, d'un navire, la marchandise est débarquée tout aussi bien dans l'intérêt des chargeurs que dans celui de l'armement. — § 12. Que cette objection ne tendrait à rien moins qu'à effacer la distinction radicalement édictée par les dispositions finales des articles 400 et 403. — § 13. Qu'il est, en effet, certain que toute dépense faite pour le navire profite à la marchandise ; mais que pour être classée en avaries communes, cette dépense doit procéder, non d'un acte volontaire isolé et spécial à la marchandise ou au navire, mais d'un dommage souffert volontairement, et d'une dépense faite simultanément pour le salut commun du navire et de la marchandise. — § 14. Qu'il appartient aux juges du fait d'apprécier, d'après les circonstances de la cause, la nature des avaries ; qu'ainsi les frais de déchargement, d'emmagasinage et de rechargement doivent être considérés comme avaries communes lorsqu'ils proviennent d'une voie d'eau qui, à la suite d'une tempête, a nécessité une relâche volontaire; procédant de délibération motivée prise pour le salut commun : de même qu'il faudrait classer toutes ces dépenses en avaries simples si elles avaient été faites forcément *et sans délibération motivée*. — § 15. Que les avaries grosses sont supportées, au marc le franc de la valeur, par les marchandises et par la moitié du navire et du fret; que le prix des marchandises est établi, non suivant les factures ou leur estimation dans le lieu de destination, mais par leur valeur au lieu de déchargement et sous déduction du fret. — § 16. Que les avaries particulières sont supportées et payées par le propriétaire de la chose qui a essuyé le dommage ou occasionné la dépense, sauf, en cas de faute du capitaine, recours contre lui, le navire et le fret. — § 17. Que ne sont point avaries mais de simples frais à la charge du navire, les lamanages, tonnages, pilotages et les droits quelconques de navigation. — § 18. Qu'une demande pour avaries n'est point recevable si l'avarie n'excède pas un pour cent de la valeur, conformément à l'article 408; que l'article 409 règle les effets de la clause«franc d'avaries».— § 19. Que l'*abordage* doit être l'objet de la sérieuse attention des navigateurs, et qu'on ne peut trop se pénétrer des actions complexes et multiples qui naissent de l'abordage dont j'ai divisé l'étude en 12 §§; s'occupant 1° de la définition, de la législation et des principes sur l'abordage; 2° des feux, des signaux et de la route; 3° de la mer libre et des pavillons internationaux; 4° de l'abordage fortuit; 5° de l'arbordage fautif; 6° de l'abordage douteux; 7° des responsabilités diverses; 8° des protestations légales; 9° des actions en indemnités; 10° des prescriptions et fins de non-recevoir; 11° des tribunaux compétents; 12° des codes et réglements étrangers. — § 20. Que 1° si la déduction d'un tiers pour différence du neuf au vieux a lieu en matière d'assurance, c'est uniquement parce que cette diminution est stipulée; 2° que, cessant cette stipulation conventionnelle, cette diminution ne saurait avoir lieu. En matière d'abordage tous les principes du droit s'opposent à ce que cette déduction puisse être appliquée: car le dommage causé par abordage, loin de procéder de fortune de mer, résulte au contraire d'un fait ayant le caractère d'un quasi-délit, et est, dès lors, essentiellement gouverné, dans ses conséquences actives et passives, par la loi seule. Or, un fait dommageable ne peut être, pour le navire qui le souffre involontairement, une cause de perte ou de dépense; 3° que l'état du navire, avant l'événement, et la nature des dépenses repoussent presque toujours une prétention aussi étrange, puisque d'un côté le navire peut être tout neuf, très solidement construit, porter la plus belle cote au *Veritas*, et qu'un pareil navire ne saurait dès lors être traité comme un navire vieux, usé et mal coté; et que d'un autre côté, ce navire, loin de recevoir même l'ombre d'une plus-value qui ne serait point d'ailleurs le résultat de la volonté, est souvent frappé et atteint d'une perte considérable qui donne lieu à un élément de dommage à réparer : par exemple quand, par ébranlement général, le navire atteint dans ses parties vives, soit dans le chevillage et le plissage du cuivre, ne peut reconquérir par ses réparations, l'unité de construction et la solidité qu'il réunissait avant l'arbordage ; 4° que d'ailleurs l'expert, qui ne procède pas à des distances éloignées, mais sur les lieux et sous les yeux de tous, doit vouloir, avec la loi, que le montant du coût intégral des réparations soit payé ; et dès lors il a pour mission de soigneusement éviter de tomber dans l'injuste diminution d'un tiers pour différence du neuf au vieux ; 5° qu'enfin on ne saurait oublier qu'il ne s'agit pas d'avaries occasionnées par fortune de mer ni des conséquences d'un contrat d'assurance; mais bien au contraire de la réparation, par égale portion, d'un malheur résultant d'une faute; qu'une grande partie des dépenses consiste en main-d'œuvre; que pour les articles remplacés on se borne à accorder le coût de l'objet fourni en remplacement; qu'enfin le produit net de la vente des débris, souvent modique, est déduit dans les procès-verbaux des experts. — § 21. Qu'en ce qui touche l'indemnité du retard et l'interruption du voyage, soit le chômage du navire, avec salaires et nourriture de son équipage, le tout fixé à 50 centimes par tonneau et par jour, depuis l'abordage jusqu'au jour où le navire a pu continuer sa route pour son port de destination, il suffit de rappeler, avec la loi et l'équité, 1° que les suites immédiates et les conséquences directes de l'abordage constituent un dommage non moins réel que les avaries matérielles ; 2° effectivement l'article 407 se sert du

mot dommage; or ce mot n'est pas móins applicable au chômage du navire, aux gages et à la nourriture de l'équipage
pendant les réparations, et à toutes les conséquences natu-
relles et forcées de l'événement qu'aux avaries matériellement
souffertes dans l'abordage et qui sont particulières au
navire ; 3° il faut donc, conformément à la loi, que tous les
dommages soufferts dans l'abordage, avec ce qui en est une
suite immédiate et directe, soient *intégralement* payés par
qui de droit : puisque, d'une part, la peine dont le législateur a frappé les deux navires a été édictée par un intérêt
d'ordre public ; et que, d'autre part, le caractère d'avarie
particulière a été irrévocablement fixé au moment même du
fait de l'abordage, et s'est imprimé à tous les actes subséquents qui se rattachent à cet abordage par un lien nécessaire, et en sont la conséquence forcée ; 4° il suit de là que
toutes les dépenses immédiates et directes de l'abordage, par
exemple les dépenses de remorquage du navire, le déchargement, le magasinage et le rechargement de la cargaison ;
la perte d'unité et de solidité de construction non reconqui-
ses par les réparations, de prime des fonds baillés, soit
d'emprunt à la grosse, etc., etc., participent du caractère
de l'avarie qui en a été la cause, et dont ils sont une suite
immédiate et directe, et doivent dès lors entrer dans la
masse des dépenses causées par l'abordage, puisqu'elles
n'ont été faites que dans l'intérêt du navire seul, et nullement dans celui de la marchandise : Or, d'une part
si faber incudem aut malleum fregerit, non imputaretur ei qui
locaverit. (Dig. Lib. XIV tit. II L. 2 § 1 *de Lege Rhodia*) ; et
d'autre part *sumtus instruendæ magis navis quam conservan-*
darum mercium gratia factus est. (id. eod. loc. l. 6.) En
effet, l'affréteur n'est tenu que d'attendre les réparations (296
et 297 c. com.). — § 22. En se pénétrant de ces vérités juri-
diques, la jurisprudence n'hésitera plus sur ces questions
délicates ; car le caractère de l'avarie dépend au moins autant des règles du droit que des faits et circonstances de la
navigation.

XXV.

Jet et contribution. — J'ai enseigné 1° que de toutes les avaries grosses la plus fréquente est celle qui procède du jet, pourvu qu'il s'accomplisse dans les conditions prévues par l'art. 410 ; 2° que l'art. 411 détermine les règles du jet; 3° que les articles 412 et 413 fixent les obligations imposées au capitaine ; 4° que pour arriver à la répartition proportionnelle des avaries grosses, soit à la contribution, il est fait au lieu du déchargement un état des pertes et dommages, conformément aux articles 414 à 428 : avec privilége, pour le capitaine et l'équipage, sur les marchandises ou le prix en provenant, pour le montant de la contribution ; 5° qu'il n'y a lieu à contribution qu'autant que le jet sauve le navire; que le navire est réputé sauvé s'il atteint, bien que désemparé, un port de salut où le chargement a été mis en sûreté; que le défaut de constatation de l'état des pertes au lieu de débarquement, en cas de jet à la mer, rend le capitaine et l'armateur personnellement responsables envers les chargeurs.

XXVI

Prescriptions et fins de non-recevoir. — *Objet des articles 430 à 436.* — Ces matières, à cause de leur importance capitale, ont été soigneusement élaborées sous ce titre « actions maritimes » méthodiquement et rationnellement présentées sur toutes les faces. Je ne saurais trop appeler l'attention du monde maritime sur le devoir de se pénétrer des déchéances légales édictées pour le bien et la prospérité du commerce sur mer. Ces déchéances sont commandées par la nécessité qui doit régner dans les affaires commerciales ; elles ont pour but de protéger l'armateur contre les réclamations tardives qui concernent l'armement tout entier, et dont il serait seul responsable, vis-à-vis des tiers, après réglement de compte avec ses co-intéressés.

XXVII

Pilotage et police sanitaire. — § 1. Parvenu dans les mers territoriales de la France, le navire a de nombreuses obligations à remplir envers les *pilotes*, les *autorités sanitaires*, les *agents des douanes*, les *officiers* chargés de la police de la rade et du port. — § 2. En ce qui concerne les polotes : *a* après avoir défini le pilotage; *b* fait connaître l'admission, l'examen et les fonctions de ces agents de l'administration maritime ; *c* j'ai parlé 1° de leurs marques distinctives ; 2° de leur inspection ; 3° de leur police et de leurs salaires; 4° des actions actives et passives qui leur compètent; et 5° des dispositions générales pour le service du pilotage dans les cinq arrondissements maritimes. — § 3. En ce qui touche la police sanitaire, j'ai fait connaître 1° son but et son organisation ; 2° les conventions et réglements internationaux, les décrets, lois et ordonnances qui la régissent ; 3° le réglement sanitaire international conclu avec les puissances étrangères, pour ce qui a trait à la traversée, au départ, à l'arrivée, aux quarantaines, aux lazarets, aux droits et autorités sanitaires, ainsi qu'aux dispositions particulières à l'Orient et à l'Amérique ; 4° la promulgation de ce réglement par le décret du 27 mai 1853 ; 5° le décret du 4 juin 1853 pour l'exécution de ce réglement ; 6° les règles générales de la police sanitaire, les autorités sanitaires, les attributions et le ressort de ces autorités ; 7° les navires qui sont, à leur arrivée dans les ports de France, dispensés, en temps ordinaire, des vérifications sanitaires ; ou de la représentation de la patente de santé ; 8° les crimes, délits et contraventions en matière sanitaire ; 9° la police judiciaire, l'état civil et les jugements de simple police ; 10° les droits dûs pour la visite et la reconnaissance des navires; 11° les mesures de quarantaine dans les ports français et italiens de la Méditerrannée ; 12° les mesures sanitaires applicables aux arrivages et patente brute de fièvre jaune dans l'Océan et dans la Manche.

XXVIII

Navire au port et en déchargement. — §1. Admis en libre pratique, le navire entré dans le port est astreint : 1° à la rigoureuse observation des réglements généraux et locaux ; 2° à la remise des dépêches à l'administration des postes ; 3° au dépôt en douane de son manifeste et des actes de francisation et congés ; 4° à la déclaration en gros de son chargement ; 5° à la présentation aux employés des douanes du livre et des papiers de bord et des connaissements ; 6° au visa de son registre de bord et au dépôt de son rapport tant au greffe du tribunal de commerce qu'à la douane et à la marine. — § 2. Après la *déclaration de détail*, donnée par écrit et signée, il est procédé à la constatation de l'*arrimage* de la cargaison et au *déchargement*, avec le *permis de débarquement*; et ensuite à la *visite des marchandises*. — § 3. Passant aux taxes établies à l'entrée et à la sortie des marchandises, j'ai parlé, 1° des *droits de douane*, soit au poids brut, soit au poids net, effectif ou légal ; 2° de la *mise en entrepôt* des marchandises dans les ports de France ; 3° des causes de réfaction des droits pour les tares et avaries résultant d'événements de mer ; 4° des restrictions aux importations, soit quant aux ports d'entrepôts, soit quant au pavillon du navire importeur sur la quotité des droits : sauf l'exemption des surtaxes de navigation par des conventions particulières avec les puissances étrangères, soit quant au tonnage du navire importateur, soit quant à l'emballage de certaines marchandises ; 5° de leur provenance et de leur transport direct, sauf les traités en ce qui concerne le traitement des navires et des produits ; 6° de l'entrepôt des marchandises prohibées ou expédiées en transit ; 7° de l'entrepôt réel ou fictif des marchandises jusqu'à ce qu'elles soient livrées à la consommation ou réexportées ; 8° des magasins généraux où la mobilisation des marchandises ne porte aucune atteinte au régime des entrepôts ; 9° des changements de destination en matière de cabotage. — § 4. Abordant les exceptions aux règles générales en matière de douane, je les ai indiquées en ce qui touche 1° la faculté d'importation temporaire de produits étrangers ; 2° les marchandises destinées à la réexportion ; 3° les liquides et autres objets soumis aux contributions indirectes ; 4° les vivres et provisions des navires ; 5° les vêtements à usage des voyageurs ; 6° et les marchandises françaises qui portent les marques de nationalité admises au bénéfice de la rentrée en franchise.

XXIX

POLICE DE LA NAVIGATION.— § 1. L'Empereur, à qui la France doit tant de réformes utiles et dont la puissante initiative est si féconde en résultats pratiques avait, dès le 17 août 1852, garanti la sécurité de la navigation par un décret qui fut amendé en 1858 et définitivement remplacé par celui du 25 octobre 1862. Ce dernier réglement impérial que nous avons soigneusement analysé, constitue véritablement la police de la navigation maritime. Partout animé de l'esprit économique, engendré par la loi de solidarité, il aiguillonne perpétuellement la vigilance des gens de mer et chasse forcément du cœur des équipages l'incurie et la négligence. — § 2. Passant à la police de la navigation fluviale, après avoir rapidement indiqué les mesures spéciales relatives à la conservation des cours d'eau navigables et flottables, et dit un mot des pouvoirs de l'administration et des agents du service, j'ai rapidement analysé la circulaire et le réglement du 21 juin 1855 qui soumet la navigation intérieure à un régime sagement libéral et rend possible entre les voies navigables et les chemins de fer une concurrence profitable pour le commerce et la consommation.

XXX

EMIGRATION. — Avant d'aborder les pêches, il était indispensable de dire un mot des lois sur l'émigration européenne qui attire nécessairement les regards et constitue véritablement une partie principale du champ d'exploration de l'économie politique et de la philosophie : J'ai analysé, au point de vue chrétien, les réglements internationaux; et pour la France en particulier, 1° le décret du 15 janvier 1855 ; la loi du 18 juillet 1860 ; 3° les décrets des 9 et 15 mars 1861; 4° les arrêtés des 20 mars et 21 mai 1861.

XXXI

PÊCHES.— § 1. Arrivé au terme de notre enseignement nécessairement plein de sécheresse, mais relevé par sa haute utilité, j'ai : *a* traité des pêches en général, en distinguant la *pêche fluviale* de la *pêche maritime ; b* enseigné que cette dernière comprend tout à la fois et la grande pêche qui se pratique en dehors du territoire continental de l'Europe ; et la petite pêche, ou pêche cotière, qui a lieu tant à la mer et le long des côtes que dans la partie des fleuves, rivières et canaux, où les eaux sont salées. — § 2. Pour ce qui concerne la *pêche fluviale* proprement dite : *a* après avoir très sommairement fait l'historique ; *b* et indiqué la législation de la pêche ; *c* parlé de la pêche dans les étangs ; *d* de la domanialité ; *e* des cours d'eau navigables et flottables ; *f* de la déclaration de navigabilité, de la délimitation de ces cours d'eau et de leur police ; je me suis expliqué 1° sur l'administration et la régie de la pêche ; 2° sur l'adjudication de ses cantonnements, sur sa conservation et sa police ; 3° sur les poursuites en réparation des délits ; 4° sur les peines, les condamnations et l'exécution des jugements. — § 3. J'ai *a* dit un mot•de la police de la pêche dans la Bidassoa ; *b* signalé son réglement international, notamment en ce qui touche : 1° le droit de pêche ; 2° la récolte des amendements marins; 3° les filets, les instruments, les procédés et modes de pêche ; 4° les dépôts des coquillages et viviers à poissons ; 5° la police et la surveillance de la pêche, les dispositions pénales et la répression des contraventions. — § 4. En ce qui regarde la *pêche maritime cotière*, j'ai analysé sommairement *a* le décret du 10 mai 1862 sur la police de cette pêche ; *b* ses réglements dans les cinq arrondissements maritimes, soit au point de vue pénal, soit au point de vue réglementaire ; *c* l'organisation des syndicats, les prud'hommes et communautés de pêcheurs ; *d* la détermination des époques pour les différentes pêches ; *e* les engins prohibés ; *f* les modifications apportées aux décrets réglementaires, les attributions des agents chargés de constater les contraventions dans la partie des fleuves, rivières et canaux comprise entre les limites de l'inscription maritime et le point où cesse la salure des eaux ; *g* enfin le décret du 10 novembre 1862 qui a trait aux demandes et concessions de parcs à huîtres et autres dépôts à coquillages. — § 5. Passant à la *pêche du hareng et à la pêche du maquereau*, avec ou sans salaison à bord, j'ai enseigné : *a* que, sous le régime du décret du 24 septembre 1864, ces pêches pouvaient être effectuées en tout temps et en tout lieu ; *b* que toutes les dispositions concernant le nombre des hommes de l'équipage, les filets, les avitaillements ou objets d'armement étaient supprimés ; *c* que les armements, avec salaison à bord, pourraient être préparés dans tous les ports sans distinction ; *d* que l'expédition de ces bateaux et l'importation des produits de pêche, soit par les bateaux eux-mêmes, soit par les navires, dits chasseurs, pouvaient avoir lieu dans tous les ports où existent un agent de la marine et un receveur des douanes, chargés, chacun en ce qui le concerne, de rechercher si l'armement des bateaux a été fait en vue de la pêche ; et de statuer de concert sur l'origine du poisson pour son admission en franchise ; *e* que les commissions permanentes étaient sup-

primées, etc. — § 6. En ce qui touche la *pêche de la morue
à la cote de Terre-Neuve, aux îles Saint-Pierre et Miquelon,
sur le grand banc de Terre-Neuve, dans les mers d'Islande et
au Doggers-Bank*, j'ai fait connaître *a* les droits et les devoirs;
b la déclaration d'armement; *c* le régime des primes modifié par le décret du 24 octobre 1860; *d* les avantages accordés aux expéditions; *e* la police de la pêche, telle qu'elle
a été modifiée par le décret du 22 mars 1862, notamment en
ce qui touche 1° l'état des hâvres; 2° le tirage au sort;
3° l'occupation des places; 4° l'embarquement des spiri-
tueux; 5° la possibilité de faire route en Islande avant le
premier avril; 6° la durée de la pêche; 7° les attributions
du prud'homme arbitre; 8° le certificat d'origine; 9° l'exportation directe pour les colonies françaises ou pour l'étranger; 10° les formalités, au retour, pour avoir droit à la prime,
à la mise en entrepôt et à la réexportation. — § 6. Pour ce
qui a trait à la *pêche de la baleine et du cachalot*, j'ai indiqué
a les primes d'armement; *b* la déclaration préalable; *c* les
avantages pour les avitaillements; *d* la composition des équipages destinés aux grandes pêches maritimes; *e* la nouvelle
composition de la commission spéciale relativement aux primes; *f* la prorogation des effets de la loi organique; *g* les
formalités particulièrement imposées au retour pour obtenir
l'allocation et la liquidation des primes.

XXXII

Voilà, Messieurs, dans son aridité forcée, le résumé sub-
stantiel de mon enseignement — au point de vue commercial,
administratif et pénal — sur ce droit maritime qui a usé ma
vie et qui, Dieu le permettant, sera l'objet, en 1866, de la
nouvelle édition de mon dictionnaire; sur ce droit que j'ai
professé à l'Hôtel-de-Ville du Havre pendant plusieurs années et qui est l'objet incessant de mes études de chaque

jour ; *sur ce droit qui doit être très religieusement respecté dans toutes ses parties qui n'ont point été l'objet des amendements que j'ai osé prendre la liberté de proposer ;* sur ce droit, enfin, que vous ne voyez ici que décharné et à l'état de squelette, mais dont l'esprit vivifiant souffle internationalement jusqu'aux extrémités du globe, son action, son influence et ses bienfaits. Les navigateurs qu'il protége personnellement et réellement sont les citoyens du monde; la mer est leur patrie commune ; mais le lien qui les rattache océaniquement, loin d'être un lien de conquête, de soumission et de servitude, est un véritable *lien de foi, d'espérance et de charité.* C'est, Messieurs, le lien pratique et populaire de la Civilisation Chrétienne qui, par le Travail, a progressivement et finalement mis l'Humanité en possession d'elle-même, en lui donnant pour forteresse la Moralité, la Justice et l'Association.

En terminant c'est un devoir de remercier, de nouveau, S. Exc. Monsieur le Ministre de l'instruction publique, de la vive sollicitude dont il ne cesse d'entourer *les volontaires de la science* : s'inspirant ainsi de la pensée du Souverain qui protège si hautement les travailleurs intellectuels véritablement dévoués au Vrai, au Juste et à l'Utile.

Havre—Imp. Lepelletier. pl Louis-Philippe

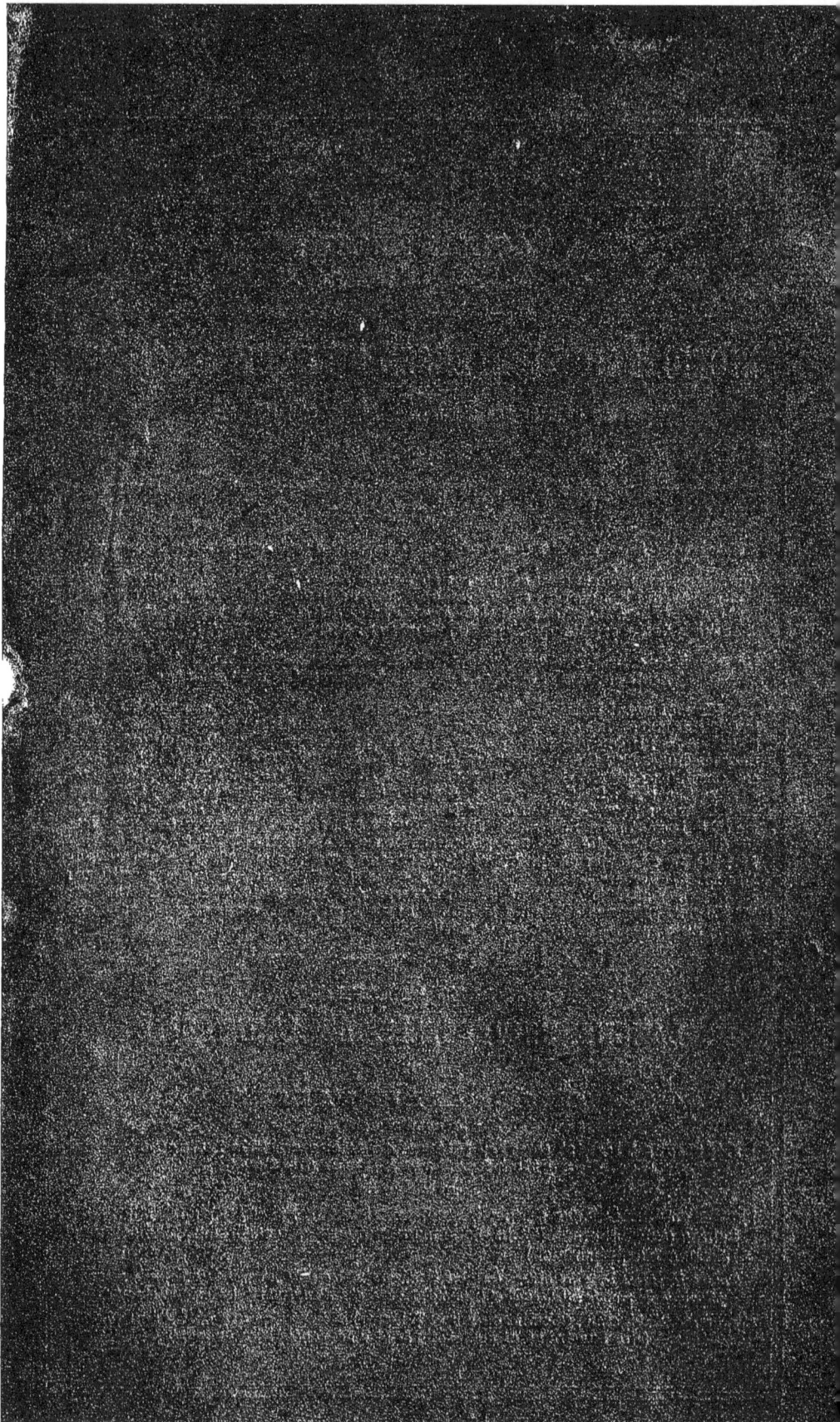

SOUS PRESSE :

Pour paraître en un gros volume très compact

NOUVELLE ÉDITION ENTIÈREMENT REFONDUE ET CONSIDÉRABLEMENT AUGMENTÉE DU

DICTIONNAIRE UNIVERSEL DU DROIT MARITIME

Au point de vue Commercial, Administratif et Pénal

OU

Répertoire méthodique et alphabétique de Législation, Doctrine et Jurisprudence nautiques

avec de

Nombreuses tables spéciales et une table finale, générale et raisonnée de toutes les matières

Ouvrage soigneusement tenu au courant du *dernière état de la Jurisprudence jusqu'à 1866*, et renvoyant : 1º à tous les auteurs qui ont écrit sur la matière ; 2º aux grands recueils périodiques de *Dalloz*, du *Journal du Palais* et de *Sirey* ; 3º aux recueils spéciaux d'Aix, Anvers, Bordeaux, Havre, Marseille, Nantes et Rouen.

Un très beau et très fort volume in-8º, deux colonnes serrées, imprimé en caractères neufs et formant la matière de plus de 20 volumes in-8º ordinaire

— Ce monument juridique élevé au droit maritime du XIXº siècle comprendra les 48 traités suivants : reliés entre eux par une table générale outre les tables spéciales à chaque traité, savoir : 1º Abandon maritime ; 2º Abordage ; 3º Actes de commerce maritime ; 4º Actions maritimes ; 5º Affrètement ; 6º Armateur ; 7º Arrêt de Prince ; 8º Arrimage ; 9º Assurances maritimes ; 10º Avaries ; 11º Barraterie de Patron ; 12º Bateaux à vapeur ; 13º Bornage ; 14º Cabotage ; 15º Capitaine ; 16º Colonies françaises ; 17º Courtiers ; 18º Chargeurs 19º Chirurgien ; 20º Compétence ; 21º Consuls ; 22º Delaissement ; 23º Discipline maritime ; 24º Douane ; 25º Emigration Européenne ; 26º Epaves ; 27º Francisation (acte de) ; 28º Gage commercial et maritime ; 29º Gens de mer ; 30º Guerre ; 31º Inscription maritime ; 32º Jet ; 33º Marine de l'Etat ; 34º Navigation ; 35º Navire ; 36º Ordonnances de la Marine ; 37º Pêches ; 38º Pilote ; 39º Police sanitaire ; 40º Ports ; 41º Prises maritimes ; 42º Réformes maritimes ; 43º Réglement d'avaries ; 44º Rôle d'équipage ; 45º Sauvetages ; 46º Usages nautiques ; 47º Ventes maritimes ; 48º Warrants. — Prix de ce grand ouvrage ; 25 fr. ; Étranger, les droits de poste en sus.

SOUS PRESSE :

LANGUE UNIVERSELLE DE L'HUMANITÉ

OU

TÉLÉGRAPHIE PARLÉE

Par le nombre agissant

Réduisant à l'unité tous les idiômes du Globe compris instantanément d'un pôle à l'autre et à toutes distances,

au moyen de

Phrases en HUIT LANGUES : français, anglais, allemand, italien, espagnol, latin, grec, hebreu (catégorie morale) du Dictionnaire numérique, concordant, méthodique et raisonné (en préparation) de

Toutes les idées les plus utiles, les plus pratiques et les plus progressives dans le monde physique, le monde intellectuel et le monde moral, et notamment sur les points suivants :

Commerce, Navigation, Chemins de Fer et Télégraphie électrique ; précédé d'un Grammataire numérique et alphabétique et d'un vocabulaire de mots.